人生的中繼站。

The Meaning of Life

世間是個虛幻的世界，人生就像四季輪轉，終將走向嚴寒、走向冷冽，彷彿一片樹葉，必然走向凋零、走向死亡。
然而，死亡是通往靈界的旅程，當靈魂離開肉體，進入靈界之後，將何去何從？
就讓我們隨著大川隆法先生，一起去探求靈性的真相，開啟永恆的生命世界之門！

大川隆法

前言

約莫兩千五百多年前，印度釋迦族（Sakya）王子：喬答摩・悉達多（Gautama Siddhartha，即釋迦牟尼、釋尊），為了解開「人為何會有生、老、病、死之四苦」的人生疑惑，毅然決然地放棄繼承王位，出家為僧。

釋尊透過探究何謂「真理」？何謂「善」？進而「悟道」。《人生的中繼站》一書即是回答了釋尊出家時所持的疑問。此書的問世，不僅成了陷入迷惘的宗教家之嚮導，更為在無明中摸索的醫師及科學家們，敲響一記嚴厲的警鐘。

人，終將一死，但是人死之後到底何去何從？當靈魂脫離肉體之後，靈魂將離開虛幻的世間，前往真實的靈界，繼續未完的學習與修行，逐步邁向愛與真理同質的高次元世界。

不管任何時代，最初發現真理並堅信不移的，唯有一人。我身為知悉真實世界奧祕的宗教家，在內心使命感的敦促下，懷抱傳播真理的無比熱情，撰述《人生的中繼站》，揭示人生中的重要命題，期盼這些世代必傳的永恆真理，得以穿透人心、穿越時代，喚醒無數沈睡中的靈魂。

大川隆法

Contents

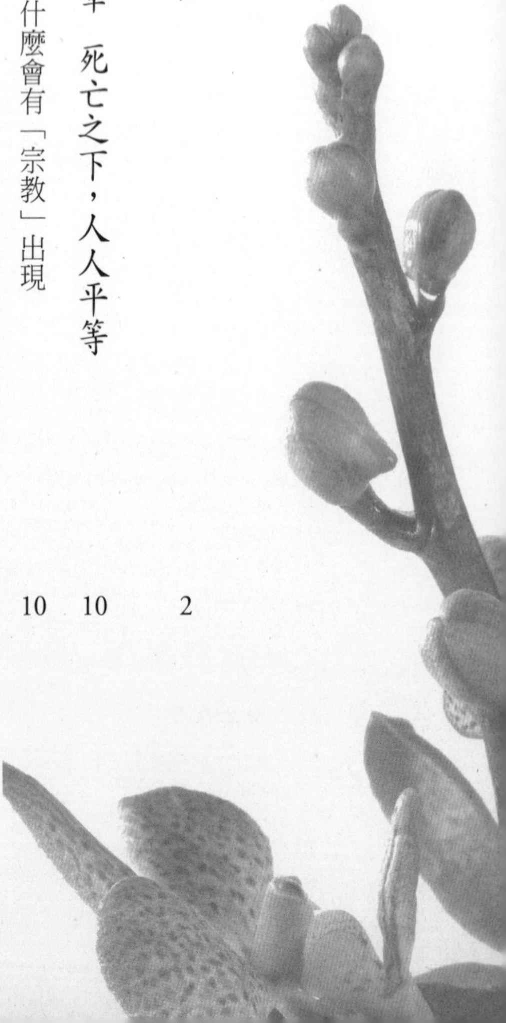

Contents

Contents

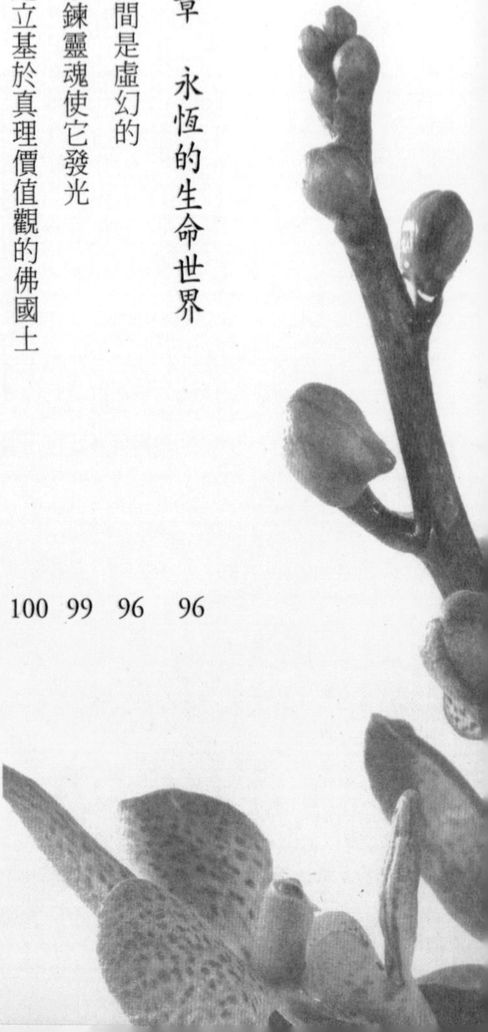

Contents

Contents

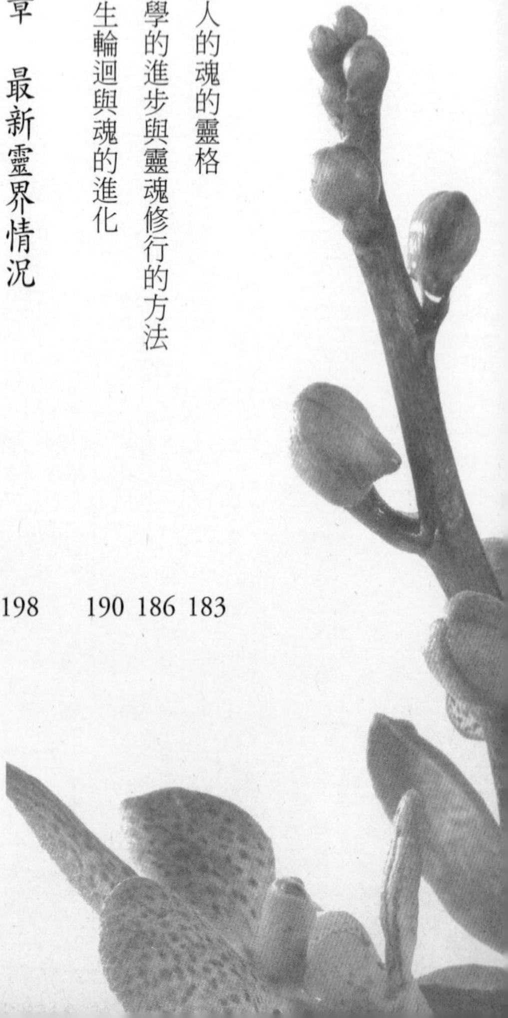

死亡之下，人人平等

第一章　死亡之下，人人平等

一、為什麼會有「宗教」出現

宗教家必須是解答死亡問題的專家

死亡，是宗教裡一個非常重要的主題。在深思熟慮之後，我認為宗教家或者是肩負宗教使命的人，必須是解答死亡問題的專家。

現在有許多人是在醫院死去的，處理死的問題彷彿漸漸成為醫生的工作，然而，從根本上來說，很明顯地醫學有其極限。醫學的極限即在於「醫學只能處理身體上的問題」，醫生既無法解釋人類死亡的真正意義，也解答不了死後世界的相關問題。

「人終究會死去，但死亡是怎麼一回事呢？」對於死亡的判定標準，目前醫學多半以「心臟停止跳動」或「腦波停止活動」等狀況，視為死亡與否的基本指標，然而，尚且存在其他分歧的看法。不過，當瞭解靈界真實狀況之後，就會發現醫生們斤斤計較的死亡標準，以及爭執不下的死亡議題，顯得既瑣碎又微不足道，不僅從未討論到重點，甚至根本不瞭解何謂「死亡」。因此，在科學日新月異的今日，宗教仍舊肩負重要的使命與任務。

「生老病死」是宗教的根本問題

「生老病死」是佛教的根本議題，也是釋尊出家的理由之一。

當釋尊尚未出家之前，對於「人，為什麼出生？又為什麼衰老？為什麼生病？最後又為什麼死去呢？」百思不得其解，也遍尋不著可以解答疑惑的人，於是產生出家的念頭。

生、老、病、死，同屬於哲學與宗教的重要課題，既是哲學的根本問題，也是宗教的基本問題。然而，如果將死後的世界納入思考，毫無疑問地成了宗教問題。

「人，為什麼出生？又為什麼出生在這個世界呢？」這個疑團，以現代知識的範疇，是無法囊括、難以釋疑的。關於生命開始的瞬間，醫學界仍舊議論紛紛，對於「生命誕生的瞬間，究竟是何時？」等問題，眾口悠悠、莫衷一是。

從生物學的角度來看，生命誕生的瞬間，到底是精子碰上卵子時？還是胚胎發育成人形時才開始呢？究竟該從何時開始算起，生物學上定義生命的起源，依舊模糊不清。

如果僅以身體的活動機能來看，有些機器人與人體之間的差異，幾乎微乎其微。近年，最新研發的機器人，甚至具備了無異於人類或動物的外型與特性，令人難以明確地區隔。

在「生」的問題之外，尚有「老」的問題。雖然，人們深知老化是一種自然現象，但是「人，為何一定非衰老不可呢？」從古至今，許多人懷抱不老不死、永生長壽的願望，渴望與老化徹底絕緣，希冀無須衰老而亡；遺憾的是，終究沒有任何一個人美夢成真。畢竟，誰都無法防止「衰老」，也無法躲過「死亡」。

至於「病」，主要是「罹患疾病」的問題。隨著醫療技術進步，許多惱人的疾病可以療癒，人的壽命因此延長許多。然而，在醫療人員不斷突破各種醫學障礙的同時，超乎意料之外的疾病，卻陸續增加、逐一顯現，以至於人的疾病至今仍層出不窮。

其實，生病就是身體發生故障。世界上沒有永不故障的機械或機器人，當然，也沒有永不故障的身體，所以，人的肉體絕對不可能永久使用。

現代科學無法完全理解的生命之奧

以現代的知識與科學水準，對於生老病死的種種問題，特別是生命開始的瞬間，以及死亡之後的問題，仍然無法提供一個明確的答案。

儘管科學家進行了無以數計的研究，科學技術也到達可以複製基因的階段，這是否可以代表已真正理解生命呢？關於這一點，仍然受到莫大的質疑。

宗教問題並非任何人都可以在有生之年驗證，或經由實驗可以確定的，而是藉由極少數人傳達真理，在眾人「信與不信』的過程中，一步步慢慢累積而成。因此，宗教無法採取「少數服從多數」的表決方法確認，也難以運用科學的實證方式判斷。儘管如此，我總認為應該提出的意見，或應該宣揚的信念，依然要有所堅持地傳達下去。

對於宗教，人們不再抱持「因為擁有靈魂，人生才能有所轉變」的傳統說法，而是以迥然不同的思考方向，發展出另一個觀點。其中，生物學家經過無數的研究之後，赫然發現：「似乎存在著一種類似靈魂本質的東西。」

這到底是怎麼一回事呢？部分專家認為：「所謂與靈魂本質類似的東西，其實就是遺傳基因。人的肉體，經歷出生、成長、衰老、死去的過程後，將由孩子、孫子繼續延續、傳遞香火。單以個體來看，生命好像是綿延不斷的，但事實並非如此。」

除此之外，另一種說法是理查．道金斯（Richard Dawkins）所提的「自私的基因」學說，他主張：「基因為了綿延不斷地存續，不斷製造子子孫孫的個體，試圖繼續存在一百年，甚至兩百年。這存活下來的，其實就是遺傳因子。」

從唯物論的觀點探討生命，結論或許是：「生殖的行為，讓基因以『父傳子，子傳孫』的方式，得以永遠傳遞、世代遺傳下去。當父與母的遺傳因子，共同製造出一個新的基因，形成新的子代。新子代採取相同方式延續基因，讓父母的遺傳因子，得以永遠存續。」

難道，研究遺傳基因的學者專家，對於生命的認知與研究僅止於此，無法更進一步思考嗎？實在令人惋惜。

不管如何深入研究肉體，充其量也只是解析一種「道具」而已。畢竟，單單分析研究肉體，便奢望探求生命的原始意義與使命，簡直是緣木求魚。

二、肉眼看不到的世界隱藏著神祕力量

科學的起源論像是一種迷信

「世界何以形成？人類何以出現？人類為何出生於世間？」若要以科學的方式來解答這個問題，幾乎是不可能的事情。越是要以科學來解釋，到頭來就越聽越覺得是迷信。

「偶然之間，宇宙中的某一點爆發，因而擴展開來」、「星體是宇宙中的氣體集結而成」、「星球是宇宙中的岩石撞擊而生」……等等，這些令人匪夷所思的科學論點，不禁讓人懷疑：「這些事情，真的發生過嗎？」

以科學追溯生命的起源，結論就是：「萬物之初，僅有浮游生物、微生物，隨後才出

現植物、動物。」然而，根據近代科學家的細菌研究，證實了「完全煮沸、消毒與密閉的培養皿裡，絕對不可能產生生命」的論點。

以前人們認為蒼蠅或者是其它生物是自然產生的，然而，後來才知道那是因為大氣當中存在著某種原因，進而才會有生物產生。在這一兩百年間，人們已證明在一個完全煮沸且高溫消毒的空間當中，是不會有任何生命產生的。

存在四十六億年的地球，最初是一顆灼熱星球，這是一個大家都有共識、無從否定的事實。然而，科學至今仍無法解答「在一個到處是熔岩燃燒的灼熱星球裡，生命到底如何誕生呢？」假如根據近代科學家的細菌研究理論，一個完全處於無菌狀態的星球，竟然孕育出無數生命，簡直是太不可思議了。

以科學方法論證生命起源，是不可能的事，勉為其難從科學的角度說明，反而讓人覺得像是一種迷信，甚至令人質疑，這一切是否憑空杜撰的。因此，我們不得不承認，在肉眼看不到的世界裡，存在著一股神祕力量。

光粒子所具有的機能

「有一股影響力、遍及世界的力量，指引出一個方向，並促成了進化。」若以這個方向來思考，所有疑竇就能豁然開朗了。

太陽是世間萬物的生命之源，氫、氧結合而成的水與二氧化碳，藉由光合作用轉換，進而提供生命的能源與力量。每逢夏季，植物枝葉繁茂、動物活蹦亂跳，處處洋溢成長與繁衍的生息，處處顯現陽光與生命力的緊密關係，一再印證，太陽提供了生命的能源。

而在靈界，則有靈太陽提供生命的能源。靈太陽的光粒子，可以橫跨世間與靈界，在世間是生命的能源，在靈界變成靈體的能源，人類靈體就是來自靈太陽能源。

儘管，世間看不到靈界的能源，靈界的能源卻具有讓世間產生變化的力量，當靈界的能源在世間作用，即可以輕而易舉的讓世間物體產生變化。

反觀，根據科學所提的進化論，既缺乏根本意義，也不見哲學思維，僅有一連串的「偶然、偶然，以及偶然」。

「將磚塊、沙子、水，還有水泥，全部放在地上照射太陽光，在一陣狂風大作之後，出現了猴子等動物，並在忙亂之間，蓋好了一棟房屋。」科學就以類似這種荒腔走板的說法，闡釋類人猿等高等動物，以及人類出現的過程。

動植物見證孕育生命的力量

每每看到動物、植物、昆蟲各顯神通，以千變萬化的姿態求生，不禁令人讚嘆大自然造化萬物的力量。事實上，靈魂是真實存在的，即便是低等動物亦是如此，觀察自然就可以窺知這個道理。

譬如生活在亞馬遜河流域的枯葉螳螂，外表貌似一片枯葉，讓天敵難以發現。牠到底是如何辦到的？為了保護自己，居然可以偽裝得跟枯葉一樣，真是讓人覺得不可思議。

此外，自然界還存在一種更不可思議的動物。我在電視上看過一個在印尼海域捕捉章魚的節目，介紹一種平常難以捕捉的擬態章魚，牠可以變化出十幾種不同的偽裝。

許多生物為了保護自己，會隨著所處的環境變化隱身。像潛伏海底的比目魚，可以迅速改變身體顏色與斑紋，與海底砂石融為一體，既能躲避敵人、又能靜待獵物上鉤。可是，擬態章魚技高一籌，可以任意改變身體顏色或形狀，模擬其他海底生物的樣態。

當擬態章魚遇到具有威脅性的敵人，立刻偽裝成兇猛的海底動物，牠或許會縮起頭、伸出所有的腳，身體迅速轉變成深淺相間的條紋，化身為帶有毒性的海鰻或海蛇嚇退對方，甚至所有畏懼海鰻、海蛇的海底動物，都會自然而然地避開牠。

相反的，如果擬態章魚看到自己的獵物，會馬上偽裝成弱小的海底生物。牠可能變成海葵、海藻的模樣，或是將腳緊緊貼住身體，偽裝成在海中游動的比目魚，讓對方鬆懈心防而疏於防備，從而輕而易舉地捕捉獵物。

在電視尚未報導以前，鮮少人認識這種變化多端的擬態章魚，在沒有鏡子的大海裡，擬態章魚自然也無法知道自己的模樣，可是牠卻一直以這般不可思議的本能保護自己。擬態章魚擁有多變的擬態能力，絕非偶然，我認為牠們必定具備了一種學習、進化的能力。

在東南亞地區，還有一種把身體偽裝成蘭花模樣的蘭花螳螂，當昆蟲誤以為是蘭花而飛近時，立刻遭到螳螂捕捉，這種能力是任誰都學不來的。「昆蟲將外表變成花朵的樣子」，這簡直是超乎想像的大自然奧祕。

這些動物或昆蟲所擁有的智慧，以及改變自己的擬態能力，令人不得不懾服於造物主的力量。其實，就連植物也同樣具有強大的力量。

「竹子成長的速度，到底有多快？」我猜，大部分的人都沒有看過吧！

竹筍冒出地面之後，一星期左右可以長成約兩公尺高的竹子，兩星期左右就超過五公尺高了，幾乎跟母竹齊高。原本是表面密布白色絨毛的細小竹筍，經過短短兩個星期，便長成高五公尺的高大竹子，這速度的確驚人吧！從筍尖剛冒出地面，長到離地大約二、三十公分左右時，正是採收竹筍的最佳時刻。如果稍一猶豫，心想：「明天再採收，或許更大、更好」，等明天再來看時，竹筍可能已經頓時長高了許多。

為了求生存，剛冒出地面的竹筍，必須在短短三天內拼命地長大，因為它們知道「初冒出芽時，風險最大」，不論人類、動物都爭相取食。唯有儘快從竹筍長成竹子，讓外皮變堅硬、變難咬，才能繼續生存下去。我非常明顯地感受到，竹子的強烈求生意志力。

然而，「兩星期就長高五公尺以上」這種成長速度，實在快得令人難以置信，難道「構成竹子的原料藏在地底？」可是，竹子不是單由水分構成，它不但富有纖維，外皮還會變硬，讓人不免再三質疑：「竹子所需要的養分，真的在地底嗎？」

事實上，震懾人心的大自然造化力量，處處可見。

在包羅萬象的大自然中，萬物都竭盡所能地奮力求生，但有些人感觸良多：「一定有股力量默默運作，大自然才能孕育這無數生命。」但有些人對於天地萬物的變化，卻視若無睹、又無動於衷。當然，兩種人的人生觀，必定存在極顯著的差異。

三、終究走向死亡的覺悟

人生就像一片樹葉

人誕生於這個世界之後，慢慢成長、漸漸衰老、最後死去，以寬廣的視野來看，所有生命的起落，猶如樹葉隨著季節生滅。

每逢冬季，樹葉自然而然地枯萎，當春季來臨，又毫無徵兆地冒出新芽。在夏季到來之前，四、五月間，新芽長成嫩葉，六、七月時，滿樹茂密的枝葉，努力吸收大量雨水、進行光合作用，並將養分儲存到樹幹之中。等到秋季，樹葉漸漸轉變色彩，有的變紅、有的變黃，最後，一片一片逐漸凋零、飄落。人生就像一片樹葉，各自努力生存的每個人，看似獨立個體，事實上，每個人都與一棵大樹連結。

世界上有日本、中國、韓國、美國等各個國家、民族，每一個國家的廣大地域，再畫分成許多更小的區域，如某州、某縣、某鎮等等，這些地區又住著為數眾多的家族，而構成「家族」的基本單位，正是獨立的人。

人之於世界，猶如樹葉之於樹，每棵樹都會長出許多枝幹，每根枝幹又會長出無數小樹枝，小樹枝上又會長出眾多的樹葉。世間的人，猶如樹上的樹葉，隨四季更迭而循環不息。

乍看之下，「死亡」或許是一件悲傷的事，可是追根究柢，其實跟樹葉掉落毫無二致。世間的所有生命，都是如此循環不斷、綿延不絕。

這就是「諸行無常」的道理。

在世間，每個生命個體都無法永存於世，終究必須離開世間。當一個嬰兒出生時，任誰都可以大膽預言：「這個小孩將來一定會死。」無論是什麼身分地位的人，最後總會面臨死亡，這或許令人覺得感傷，卻是無法避免的事。

樹葉隨著四季更迭而改變，人隨著四苦起落而生滅，這個過程的意義何在？

秋天一到，樹葉掉落地面，一段時日之後，落葉腐爛化作肥沃土壤。翌年春天來臨時，樹木汲取沃土的養分，萌發新芽、長成新葉。秋天掉落的樹葉，是為了孕育明年的新葉。

生命唯有經過循環而發展，才是一個完整的世界。

人誕生之後，一路成長、求學、工作、結婚，不斷自我突破、自我實現，這本是一件令人無比歡欣之事。遺憾的是，隨著年歲漸長，許多事物不免變得老舊、遲鈍，即使活到一百歲還能孜孜不倦，新知識仍受限於既有的舊知識，無法運用自如。例如，在民國初年出生的人，對民初事物瞭若指掌，卻難免無法跟上新時代的腳步。

人應該像樹葉凋零般，在世間這個中繼站，經歷一輪的生老病死之後，回歸靈界等待重新轉世的契機。儘管，捨棄具有感情的舊事物，並非易事，可是為了再一次習得新的經驗，離開世間、重返靈界是必要的歷程。

或許，有人認為：「如果生命永恆，將是多麼美好的一件事！」然而，如果真有永恆的生命，將是一種無間地獄。

在「幸福科學」有一個「活到百歲俱樂部」，我認為，一個人活到一百歲還算幸福，若是活到二百歲、甚至三百歲，說不定反而會感覺寂寞呢！

人若活到了二、三百歲，將面臨什麼情況呢？你所認識的人都辭世了，身邊無一親朋好友，處境就像日本童話浦島太郎。浦島太郎在海底龍宮遊歷三年之後，回到原本的世界，卻發現早已過了三百年，人事全非。

活到三百歲，未必是一件好事。經過三百年的物換星移，不僅週遭的人事改變，時代也跟著變遷，如此一來，勢必覺得分外寂寞吧！

我經歷過無數的靈性真實體驗，確知死後的世界真實存在，因此我不斷透過各種機會闡明，提醒大家務必在「人終有一死」的基礎上，建立人生觀。

若能秉持：「我要和大家一樣輪迴轉世，經歷出生、成長、衰老、死去，等待另一個機會重新誕生」的心態，必能拋開對世間的執著與妄念，擁抱有嶄新人生可以期盼的生命，才是真正的美好人生。

人的壽命有限，最後一定會離開世間，任何人都無法掌控、擺脫，儘管心裡堅持著「要活下去、要活下去」，依舊難逃一死。「死亡」平等地對待每一個人，在「死亡」這個事實之下，任何人的主張都一概無效。

死亡總是突然造訪

儘管人類目前的平均壽命大約是八十歲，真實狀況卻因人而異，有人小時候夭折、有人因故去世、有人突遭橫禍……，死亡總是不按牌理出牌，總是在某一天突然造訪。

生命彷彿海水漲潮般，在不知不覺之中，海水已經慢慢接近，漸漸淹沒腳踝、淹沒膝蓋、淹沒胸口，最後淹沒頭頂，將整個人完全吞沒。生命總是無預警地接近死亡，死亡何時出現無人知曉；如果可以提早覺悟，絕對不會虛度人生，如果根本毫不在意，只有渾渾噩噩死去。

以平均壽命為基礎的人生規劃，經常面對突發狀況，許多事情無法按照計畫進行，死亡也隨時可能降臨。其實，不管何時離開世間，最重要的是，秉持著「我無愧於心，對世間已有所貢獻，期待下一次機會來臨吧！」的人生態度面對死亡。

死後的世界，是人人遲早要面對的世界。但是，大部分人不知道或不承認死後的世界，所以根本無法預先做好準備。許多人死後的模樣，讓我感觸良多。唉！大家完全沒有做好離開世間的心理準備。

即使明白死後不該眷戀人世，大多數人卻依然抱持執著：「早知道今天會死，就先去做那件事，還有解決那件事。」大多數人總是擔憂：「自己死後，那些尚未解答的課題，怎麼辦呢？」死前留下遺言的人，或許稍能放下罣礙，但是，大多數人根本來不及留下遺言。

當死亡報到的那一刻，無論對世間執著、對居處執著、對公司執著、或是對家族執著，都無能為力了。人死化為靈後，最無奈的是，無論如何大聲叫喊，活在世間的人都無法聽見、無法回應，明明昨天還可以觸摸的身體，現在想要擁抱對方，卻直接穿透對方的身體，無法接觸、無法擁抱。

因此，死亡成為一件既悲傷又痛苦的事。

每個人藉著某因緣死去，無一例外，不管是壽終正寢、自然衰老，或是罹患癌症、病入膏肓，甚至遭到橫禍、意外身故，最後結果都是死亡，如何哀嘆也無濟於事。生命猶如四季般輪迴轉生，有人死亡、有人誕生，世間才不致盡是老態龍鍾的人。若從宏觀的角度切入：「人的肉體可以死亡，靈魂能夠前往靈界，是一件幸福的事。」

每個人都應該早點覺悟：「人一定會死亡」，及早做好面對死亡的準備。

四、在靈界中的新體驗

在靈界也能夠養育孩子

有人童年夭折、有人英年早逝，白髮人送黑髮人的悲哀，不禁令人感嘆：「為何發生如此殘酷、悲哀的事情？」

事實上，回到靈界仍須學習世間的各種感受、生活方式等經驗，倘若生前在教養孩子的課題上留有遺憾，回到靈界仍須透過練習撫育小孩靈魂來彌補，除此之外，靈界還有許多靈魂熱衷於養育小孩、教育小孩。

在靈界，這些學習教養小孩的靈魂，有些撫養別人的小孩，有些像學校老師一樣教育小孩。為了這些以「照顧小嬰兒」、「養育孩童」和「教育小學生」為修行目標的靈魂，勢必需要小孩的靈魂到靈界去。

通常，回到靈界的，泰半是上了年紀的人。因此，讓各種年齡層的人回歸靈界，是件難能可貴的事。

當然，人死後到了靈界，年齡是可自由轉變的。人以死亡時的姿態回到靈界，在死後的一至三年期間，仍然保持死亡時的樣貌，經由各種修行不斷累積新的經驗，等到徹底覺悟靈界、靈魂存在的意義時，靈魂就可以自由轉換年齡了。

由天使候補者引導死者

從世間回到靈界的人，絡繹不絕，通常都呈現茫然失措、不知如何是好的狀態，因此，靈界有一群專門引導、協助死者的天使候補者。

所謂「天使」或「菩薩」，就是靈界的指導者；成為靈界指導者的人，必須經過許多歷練與學習。起初，他們引導剛剛死亡的人，協助死者認清已經死亡的事實，應該斷絕對世間的種種眷戀，慢慢適應靈界的生活。

死後剛回到靈界，一定會以自我為中心，必須透過學習不斷累積經驗，當確實領悟「自己已經離開世間，是靈魂世界的靈性存在了」，接著就會有許多需要做的事情。

「幸福科學」的會員，在世間已經累積各種真理知識及修行，回到靈界後，應該會先從事引導死者的工作；累積幾年經驗之後，將轉入次元稍微不一樣的靈界，開始新的修行。

讓往生者體悟死亡的種種善巧

為了使往生者領悟死亡的事實，引導者會以形象各異的姿態出現。

現在，人們幾乎都是在醫院往生，面對可能堅信自己仍與病魔奮戰的往生者，引導者經常化身為醫師或護士的模樣，以取信於亡者。於是，道行高深的靈魂化身為醫師，一旁協助的女性也化身為護士，陸續出現在往生者面前。

有些引導者運用說話技巧說服對方：「現代醫學非常進步，死後世界的祕密已經解開了。您已經沒有肉體，難到您還不知道嗎？」

有些化身為護士的引導者，特別到往生者面前說：「我幫您量量脈搏吧！哎呀，我測量不到您的脈搏耶！沒有脈搏，表示您已經死了嗎？」類似這樣拼命演出的情形也不少。

如果一個化身的醫師，尚且無法說服已往生的病患，就會同時出現好幾個醫師，若有三個以上的醫師同時對病患說：「您生了病，已經死亡了。」往生者會慢慢地相信接受。

以上都是一些善巧之門、方便之法，若非如此，往生者無法擺脫根深蒂固的唯物論思想，認清死亡的事實，並相信死後世界的存在。

生前與宗教結緣、或跟宗教關係深厚的人，是幸福的，因為該宗教的人將來引導他們，幫助他們早日領悟死後的世界。

至於，那些生前拒絕宗教信仰、跟宗教無緣，甚至「與宗教沾不到邊」的人，往生後又是面臨何種狀況呢？我想，應該不會有人認為「固執、堅決不信宗教的人，可以立即直上天國吧！」

拒絕宗教的人，回到靈界後就麻煩了。不管誰來說服，最後結果都是：「很難救了」，或是「這種人，除了靠自己覺醒，別無他法了。」

這種往生者認定「死亡就是結束」，當死後面對持續的生命之際，便誤以為「自己還沒有死」、「自己仍然活著」。因此，返回生前生活過的地方，如家裡或醫院。如果發現那些地方已無容身之地，會為了尋找生路而到處徘徊遊蕩，如寺廟、教會或神社等埋葬身體的地方，有些往生者會向寺廟僧侶發牢騷，有些則在教會留連不去。

這些無法理解或不願承認自己已經死亡的人，會聚集在一起，不改生前的習性生活著，直到承認：「夠了、夠了，我知道了！」為止。

譬如，曾經加入幫派組織或參與暴力事件的人，死後聚集在一起時，仍舊繼續互相鬥毆、互相殘殺；彼此不對盤時，不是說：「你敢瞪我！」，就是說：「你跩什麼跩！」向對方挑釁，當然，對方也毫不服輸地反擊：「你在說什麼！」雙方衝突一觸即發。

起初，以為手中有短刀猛刺對方，正當自忖：「這下可死了吧！」，應當死亡的人卻爬了起來，「這個傢伙竟然還活著？」滿腹疑惑之際，對方卻邊喊著：「我要報仇！」邊將利刃刺了過來。這種死而復生的場景，永無止境地重複上演。

在這個「不管怎麼殺，都死不了」的奇妙世界裡，剛開始好像還會有痛的感覺，然而重複幾十次或幾百次之後，不禁開始懷疑「到底怎麼一回事？」、「這是魔術表演嗎？真奇怪呀！」

「好像受傷了，可是竟然不覺得痛」、「明明有傷口在流血，卻一下子就復原了，傷口也消失了，實在很詭異」、「脖子剛剛被砍斷，立刻又長出來」等等，這種看似荒謬的狀況不斷重複上演，讓這些冥頑不靈的人，領悟死亡的事實。

當彼此之間衝突逐漸平息時，引導者化身成僧侶或尼姑，問他們：「已經認清死亡的事實了吧？」然後，再花一小時左右試著開導他們。

如果仍然執迷不悟，引導者將送他往他處，接受另一種修行。

在靈界累積經驗

人死後，即使無法立即到天堂或地獄，在靈界也可以累積經驗，不同時期的往生者，兩者的經驗值是有所差別的。在靈界待了幾年的往生者，看到新來的往生者重複自己過去的謬誤，便忍竣不住地說：「別白費工夫了，你殺了他，他會再活過來。」彷彿說教一般。

在靈界，不同死因的人，各有聚集之處；譬如跳樓而死的人、跳河自殺的人，或是從瀑布頂端往下跳的人，這類自殺而死的亡靈聚集一處。如果讓殺人無數的黑社會流氓，看看這些自殺而死的人，又會如何呢？

這些草菅人命的人，看到有人準備從高處往下跳時，必然覺得：「啊！那個不要命的傢伙！」才想到這，那個人已經一躍而下。「碰！」的一聲，墜落地面的身體馬上血流滿地而死。

可是，不消一會兒，血肉模糊的身體竟然爬了起來，滿腹疑惑地問自己：「咦？我竟然還沒死？再跳一次吧！」於是，他再度爬往高處、縱身一跳，結果還是死了又活過來。

曾經拿刀砍殺的人，看到這一幕場景時，或許會質疑：「跳下來死了，又會再活起來，何必這麼愚蠢，一直跳、一直跳呢？」因此，可能發生流氓對自殺者說教的情形。

流氓會勸自殺者：「這個世界的人，死了還是會復活，我已經殺了好幾百個人，怎麼殺都殺不死，所以你怎麼自殺都沒用。從高處跳下來，也只是好像痛一下而已，死不了的，我勸你還是打消自殺的念頭吧！」

靈界的經驗值是會增加的，經驗豐富的人可以對經驗不足的人說教，而往生者之間的交談，可以幫助對方有所領悟。

說服唯物論者是件難事

生前對宗教有所領悟的人，死後會及早得到說服，順利適應死後的世界。但是，生前拒絕宗教的人就難以說服了，其中最難的，不是混黑社會的流氓，而是理工科老師之類的唯物論者。

死後的世界也有動植物，繁花也會盛開，魚兒也會游動，因此，唯物論者堅信：「這裡不是死後的世界、這裡是我們活著的世界。」試圖說服如此頑固之人，的確不是一件容易的事情。

這些人並非十惡不赦的大壞蛋，僅因現代學問尚有缺陷，害他們無法理解而已。況且，他們沉浸於現代學問幾十年，腦筋都僵化了，無法捨棄過往所學。

他們對引導者的勸戒充耳不聞，他們會說：「我當了三十年的理工科老師」或「我可是在大學裡做研究的」等，還會反駁：「您到底說些什麼？你是宗教系的吧！我可是物理系的，頭腦好得很，你哄騙不了我！」甚至自傲地說：「我們可是走在時代科技的尖端呢！」

至於，經常接觸人腦的腦神經外科醫生，會隨手翻動頭蓋骨，並說：「人死了，一切跟著結束，這只是一個身體部位而已，一點都不恐怖。」甚至輕鬆愉快的說：「叫我抱著頭蓋骨睡覺，也無所謂！」、「這沒什麼大不了的」。

因此，說服這一群唯物論者是非常困難的。

靈界的引導者也努力思索，如何說服這些唯物論者，才能讓他們明白已經死亡的事實。「沒別的辦法了！只好讓他們在靈界充當一下醫生。」直接帶往靈界的死亡現場，是最後唯一的辦法了。

將他們帶到死亡者的靈體面前，然後告訴他們：「照您判斷的方式治療吧！」如此一來，他們會不斷重複相同的醫療行為，直到發現「這個世界似乎有點不一樣耶！」為止。

這些人的確令人同情，明明不是窮凶惡極之人，可是思考模式卻錯得離譜，實在難以說服。

世人多半將宗教歸納於「私人」領域，僅於閒暇時從事宗教活動，工作時間幾乎不進行宗教活動。其實，個人所信為何，左右著此人能得否得到拯救。例如那些不相信宗教，或只懂得做物理性實驗的人，實在難以獲得拯救。

這一類的人，只能待在現代的地獄中，持續修行一段時日。

「無間地獄」隔離思想錯誤者

在靈界，唯有醒悟自己已死的事實，才能儘早往上提升一層。可是，曾經指導眾人走往錯誤方向的人，到了靈界，依舊堅持自己的想法：「我們根本沒死，那個莫名其妙的人一定是瘋了，竟然告訴大家『這裡是地獄』。」

另外，有些情況嚴重的思想犯，到了靈界，仍舊不改說謊習慣，他們會抓著人說：「你們都還活著，只是暫時進入另外一個世界。這裡，應該還是世間啊！」，以「其實你們都還活著」來矇騙他人，這一種人也難以說服。

十分遺憾，這類妨礙他人悟道的人，是一種禍害，必須單獨隔離。

隔離之處就是所謂的「孤獨地獄」，或稱「無間地獄」的地方，宛如罕無人跡的沙漠，或是仰不見天的深井。那是一處毫無人煙的黑暗之境，放眼望去，盡是荒涼與漆黑，彷彿烈日照射下的龜裂大地，徒剩早已枯死的草木。當一個人孤零零地置身其中，完全與世隔絕，猶如囚禁在一處牢獄之中。

在靈界的隔離政策下，那些人可以徹底整理思緒，經過幾年就開始反省：「好像哪裡不對勁喔！」不過，在有所省悟之前，僅能獨處，無法接觸任何人，直到真正意識到「說不定，自己真有做錯事了！」如此，才能獲得救贖。

引導者耐心等待這些人，直到他們謙虛地承認犯了錯誤為止。當他們認清錯誤，引導者就會讓他們離開，重新回到靈界修行。

生前曾經擁有地位、名譽及聲望，曾經受到大批部下擁戴，或接受眾人討好奉承的人，都是一群難以領悟死亡的人。唯有讓他們隔離獨處，才能冷靜情緒、安靜思考，才渴望傾聽別人的意見，並出現「不管是誰都好，誰來救救我！真想聽聽人的聲音！」的心境。

然而，人絕對無法一夕之間突然改變，即使他們已經達到這種境界，仍然無法即刻獲得解救，必須繼續累積關於「靈」的經驗，因此引導者會化身為各種不同的樣貌來指引。

世間的價值觀，在靈界完全行不通；世間一些有助益的想法、經驗、知識，反而妨礙自己踏上靈界的旅程。因此，如何屏除世間的種種經驗、知識，是一件非常重要的事。

死亡之下，人人平等。在死後的世界裡，世間的地位、學歷、財產、家世都起不了作用，每個人皆以一個獨立靈魂的身分受到對待，每個靈魂都身無旁物、孑然一身。

五、找到靈界歸宿之前

不願相信自己已經死亡的人

入殮前，必須幫死者穿上壽服，讓死者知道自己已經死亡了。然而，生前不相信靈魂存在的人，即使死後穿上壽服、戴上壽帽，大概還會想著「別以為騙得過我」或「一定是誰在演戲」等等，不願相信自己已經死了。

守靈期間，親朋好友不斷悲傷哭泣，和尚到場喃喃誦經，往往令死者大為光火：「喂！我還活著，怎麼把我弄得像死人，這玩笑太惡劣了，真是不可原諒！我絕對饒不了你們！」類似這樣氣憤不平。

有些父母會責罵孩子：「太不孝、太過分了吧！我明明還活著，竟然把我打扮成死人，還把我的照片裝進相框懸掛，居然還撚香祭拜，開玩笑也該有限度吧！」

有些丈夫會指責老婆：「你當我死了，再去找個新男友是不是？」或說：「我明明還活著，你卻把我當成死人，好跟其他男人結婚是不是？別以為我會原諒你！」

接下來，不是責備週遭的人無情，對他有失公平，就是到醫院向醫生抗議，大聲咒罵醫生：「喂！你們做了什麼好事，是不是幫我打了迷幻藥、麻醉劑，讓我看到這些幻覺。

可惡，你們害我腦袋出現幻覺了啊！」

經過一段時間之後，許多早先去逝的親朋好友會陸續出現在他的面前，像爺爺、奶奶、學校老師或生前朋友等等，一開始他會驚訝：「死掉的人怎麼都出現了？好奇怪啊！」甚至懷疑「這是真的，還是假的？」但接著又會自我說服：「這一定是夢！」的確，夢中可以見到已死去的人，所以把一切解釋成作夢。

等到跟對方說話時，才會質疑：「咦！他竟然可以聽見我所說的話耶！活著的老婆跟孩子們完全聽不見我的聲音，死掉的人卻聽得見我說的話嗎？這一定是夢，我才能跟已經死掉的人說話。不過，這夢也太真實了啊！」

即使，身旁出現已經過世的人，死者也不願相信自己已經死亡，仍然不停地責備活著的人，怒氣沖沖的說：「大家都耳聾啦？怎麼這麼難溝通？」甚至認定：「一定是醫生打錯針了，我才會變得這麼奇怪。」、「一定有人把我隔離了！」總之，他們會認為「週遭一定有什麼地方不對勁」。

明明死了，卻自認為還活著，這些往生者會變得非常易怒，因為身旁的人根本無法聽見他們的聲音。儘管如此，入殮時的裝扮與奠祭儀式的舉行依然很重要。

渡過冥河進入靈界

面對這種令人束手無策的往生者，靈界透過一種讓死者知道自己已經死亡的「儀式」，使他們不得不信服。

第一關就是渡過眼前的冥河；如果是沒有河川的國家，則以沼澤、高山、湖泊，或海洋替代。

靈界到處有冥河流動，當人死亡之後，必須穿著壽衣渡過冥河。剛到河畔，往生者會想：「這條河，好像是以前聽說過的那條河。」可是一腳踏進河裡，感受到異常冰涼的河水時，會立刻質疑：「哇，好冰！這真是一條河嗎？」然後馬上又自我安慰：「一定是自己身體太過寒冷了！」接著又會想：「我應該睡著了，因為太冷，才會做這麼冷的夢。」就這樣，一邊想、一邊慢慢渡過冥河。

在渡過冥河時，有人用力啪啦、啪啦地踩水而過，有人浮在水面上輕鬆飄過，也有人從橋上緩步走過。事實上，渡過河川的方式各有不同，僅是對亡者的不同優待，並非什麼嚴重的大事。對於悟性較高的人，出現渡橋讓他走過，或是讓他輕飄渡過，對於那些較不長進的人，就會讓他慢慢涉水而過。

冥河是一條清澈見底的河，河底盡是先前渡河之人所卸下的執念或眷戀，譬如：名片、金錢、珠寶等等，每個渡河的人總會邊渡河、邊思索著：「這是什麼啊？好詭異的河哦！真奇怪！」甚至驚覺到：「這一切，好像是曾經聽過的故事喔！」

這時，早已過世的親朋友好，像學校老師、爺爺、奶奶、曾祖父母，或是比自己還早過世的孩子或兄弟，出現在對岸呼喊著：「喂！某某人，我們來接你了。」

有些往生者在渡河途中，看到對岸站著已經過世的人，稍有遲疑：「怎麼都是已經死去的人？現在到這裡好像還太早吧！要不要過去呢？」此人就可能折返人世。倘若心裡想著「對岸都是已經過世的人，不過好像是一個很美麗的地方」進而渡過冥河，那麼此人就絕對無法再返回世間了。

或在渡河途中，聽到身後家人頻頻喊叫：「爸爸，還太早啊！」、「不要丟下我們呀！」進而回頭的人，多半都會重返人間，但若是聽見聲音也不回頭的人，就絕對不可能再回人間了。

其實，人渡過冥河時，正是靈子線（Silver Cord）斷掉之際。人的肉體與靈體之間，由一條從後腦勺延伸出來的靈子線相連，所以靈子線斷掉，相當於渡過了冥河。

渡過了冥河之後，可以發現那是一處優美之境。然而，一旦過了河，就會有人前來諄諄教誨，而且再也無法返回世間了。

一般人死後，大概都是這種情形。

誰來渡過冥河

然而，作惡多端的人，或是打從心底排拒佛神的人，生前幾乎都受到惡靈或惡魔附身，根本連渡冥河的機會都沒有，而是以「倒栽蔥似地直直往下墜落」，彷彿電梯纜線突然斷掉般，飛快地往下墜落。

至於墜落多深，完全依此人所犯的罪孽有多深而定。

罪行深重之人，將像墜落地心般一直往下墜，彷彿墜落了幾千公里、幾萬公里，那種恐怖是不言可喻的。好不容易墜落到底時，罪孽深重的人會如前所述，先孤獨地處在無人的黑暗之地，接著就透過不同的「行程」開啟「地獄巡禮」。

不過，大部分人都可以渡冥河的。

許多人在渡過冥河之前，體驗了一種彷彿穿越巨大光球的感覺，宛如剛走出隧道的片刻，眼前盡是一片光明世界的感覺，這就是靈魂脫離肉體的時刻。

經歷過靈魂出竅的感覺之後，通常就要渡過冥河了。不過，有些人無須經歷走出隧道的感覺，直接來到冥河邊。

當然，生前有所覺悟，或對宗教有所認識的人，不必經歷這些過程與步驟，一過世就有宗教相關人物、光明天使、菩薩前來迎接，並告訴往生者：「死後世界與你生前所知無異。」

為了使往生者明白靈魂已經來到靈界，引導者會帶他們參觀四次元精靈界，並進行一些新生訓練。在靈界入口附近累積經驗之後，依序升至較高層次的世界，最初升到五次元世界，與舊識共同生活一段時間後，再慢慢升到原本自己所屬的世界。

在世間已有真正覺悟之人，往生後將直線往上升等，這種人確實地存在著。

「照魔之鏡」呈現生前種種

除了墜落地獄的人，一般死者在渡過冥河之後，在從世間往天堂或地獄的中間地帶，等待生前種種作為的清算與論斷，再決定未來去向。

在中間地帶，有一面可以顯現生前惡行惡狀的鏡子，靈界的人稱之為「照魔之鏡」，如同傳說所言，這面鏡子可以放映生前的種種作為，以現代語言來比喻則貼近於「螢幕」。

「照魔之鏡」依序上演著生前的重要片段、各種轉捩點，從出生到童少時期、繼而就學、完成學業，接著結婚、謀職、換工作、離婚、破產，然後重新來過，以及孩子長大或死亡等各種階段，就像翻看個人相簿。

在這部「人生」電影上映時，親朋好友和引導天使也會陪同觀賞，播放「每一個階段所思考的內容，最後又如何克服。」這類內容時，周圍的人就像陪審團一樣，以「圓圈」、「三角形」、「打叉」等符號來評定此人。

當然，陪同觀賞的人也會表達各種意見：「啊，這樣不行吧！」、「這還差不多！」或是「嗯，這還不錯嘛！」等等，這算是中上程度的評語；若一百分是代表普通，這大概是八十分到一百二十分之間。「曾經做過一點壞事，但不致罪大惡極；偶爾做了些好事，卻沒什麼大不了」這類的人，大概都屬於這個等級。

完整看過一遍自己的人生，聽取種種評語之後，當事人會漸漸有所領會，然後就該決定自己何去何從了。有些人認為：「以自己生前的所做所為，我應該要下地獄吧！」也有些人認為：「我無藥可救了，立刻就下地獄去吧！」，或是「去地獄待個兩三年！」、「待十年也不過分！」、「一週應該就夠了！」等等，當然，往後的人生就各有轉折了。

「照魔之鏡」宛若錄放影機，讓當事人的人生影像一一上演，既簡單又令人服氣。

若以世間的感覺形容，平常「照魔之鏡」放映時間大概一小時左右，當然也有例外。有些人在死亡之際，猶如觀看走馬燈般，快速瀏覽這些人生記錄；有些人則像是從高山失足墜落地面前的一瞬間，人生閱歷一閃而過，無論如何，死亡之後，必須重新審視自己一生的記錄。

由守護靈拍「生前紀錄片」

也許有人覺得詫異：「自己怎麼會出現在影片中？到底是誰拍的啊？」其實，人的靈魂借宿於肉體之中，而人的想法、念頭都會被紀錄下來。若以拍攝的角度推測，不難發現這是守護靈所拍攝，因為在守護靈的眼中，你就是這個模樣。

拍攝紀錄片是守護靈的一項重要工作，守護靈巨細靡遺地拍攝人們的生前影像，不管是好的、壞的都忠實紀錄下來，在人死之後再一次完整呈現。當然，播映結束之後，人生的判決也就出來了。

這是大部分人的情形，少部分人就不一定如此了。在宗教中有所領悟的人，幾乎都理解死亡是怎麼一回事，生前已經養成反省習慣，死後並不會有特別困擾。唯一必須習慣的是，靈界的物理法則迥異於世間，採取像乘坐飛碟騰空般的移動方式。

看過照魔之鏡後，自己決定去向，這就是所謂「審判」。

在上演生前紀錄影片的同時，有一位威儀十足的人在場坐鎮，可以避免當事人過多的意見。這個角色，相當於古代審判死者的閻羅王。

現在，只有面對思想老派的人，才會派出扮成閻羅王模樣的人。一般而言，從事教育或制裁犯罪相關職業的人，如法官、檢察官、警察、學校校長或訓導主任等，比較樂意擔任坐鎮的角色。不僅如此，從事這類工作的人，也是擔任放映生前紀錄片的最佳人選。

過世的人為數眾多，僅有一個閻羅王是不夠的，需要相當多的人擔綱演出，非得有足夠的公務員。一般擔任放映生前記錄片的人，大概都是從事過這類工作的人，而法官之類的人就是最佳人選。這些人死後到了靈界，觀看自己生前的紀錄片，清算生前的種種之後，多數人還是會選擇從事扮演閻羅王的工作，因為這是最適合他們的工作。

在靈界，每個人擔任、執行著不一樣的工作，靈界的人生就此展開。靈界才是真實的世界，不論是幾年或幾十年後，每一個人的未來都是如此，因此最好時時謹記：「此時此刻，守護靈正拍攝著人生的紀錄片」。

心中所思所想，都一如透明玻璃般清晰，內心的聲音、想法與自身的種種變化，守護靈們全都看得非常透徹，而且滴水不漏地紀錄下來。舉例來說，即使抑制了想殺人的衝動，如果內心真的想殺死對方，這件事情也會像四格漫畫般顯現出來。所以，內心思緒必須隨時維持調和的狀態。

走一條無愧於心的人生路

關於死後的世界，我覺得仍有再論述的必要，本章僅先以「死亡之下，人人平等」為題，略做闡述。

離開世間之後，無論生前曾經多麼顯赫、多麼聰明、多麼富裕、多麼漂亮，或是多麼不可一世，更無論年齡多寡，所有人面對死亡時，一律平等，每個人都必須一清二楚地受到檢視。

觀看完生前影片後，接下來等著你的，就是死後的世界。在死後世界的修行，是一條漫長的道路，所需歷經的時間，約莫是生前的十倍。

因此，我由衷地建議大家，選擇走一條無愧於心又經得起檢視的人生路。

人死之後，靈魂何去何從？

第二章　人死之後，靈魂何去何從？

一、瀕臨死期的靈魂樣貌

當人接近死亡時

從命運的觀點來看，死亡何時來臨是可以預知的，但以靈性的角度來說，每個人離開世界的時間，大約在走向死亡前的一年就確定了。

在死亡前一年左右，天國開始進行各項準備工作，守護靈、親戚朋友無不思索著：「這個人即將回來了，怎麼迎接才好呢？」並慢慢調適好心情。

在死亡前三個月左右，靈魂會發出「快回去了！快回去了！嗶、嗶、嗶……」之類的信號，將即將死亡的訊息傳回天國。

在死前一個月左右，在睡覺或生病等意識渾沌的狀態下，部分靈魂會離開身體，頻繁地往返世間與靈界之間，預先體驗靈魂的世界。因此，當這個人喃喃自語地說：「我看到許多不一樣的風景！」、「今天來了一個奇怪的人…」、「我看到一個從來沒見過的人！」、「我看見一個奇怪的景象！」代表邁向靈界的日子已接近了。

最後，在死前三天左右，可以明確知道何時死亡，天國也已備好「手冊」，載明「如何迎接此人」，一切都已拍版定案，只待即將往生者嚥下最後一氣。

人死前的靈魂模樣，大致如此。

二、往生之後，靈魂將往哪裡去？

靈魂脫離肉體前的狀態

人死之後，靈魂會變成怎樣呢？以靈性角度而言，在死亡的瞬間，靈魂頂多離開身體一、二公分，靈魂與肉體幾乎完全重疊，彷彿是層疊在一起的雙重影像。

一般而言，靈魂與肉體分離，須經一至二天左右，所以心臟、腦波雙雙停止的階段，仍不算是真正的死亡，因為靈魂尚存於肉體之中。

依據傳統的習慣：「在靈魂尚未離開身體之前，不能將遺體火化。」若非經過一段時間的「守靈」，不能將遺體送往火葬場火化，因為靈魂尚未離開身體。

倘若靈魂尚未脫離肉體，遺體就送到火葬場火化，究竟會有什麼狀況呢？當然是一件極度恐怖的事情。其實稍微想像一下，活生生的自己被送進火葬場火化，身體受到熊熊烈火包圍，心裡必定無比恐懼，在棺材中奮力掙扎求生，緊繃的情緒也都全寫在臉上。實際上，往生者到了火葬場又死而復生，是時有耳聞之事。

因此，往生之後立即被送去火化的人，不僅當下的遭遇悽慘，往後也會痛苦不堪，所以往生之後，必須經過守靈的階段，不可以立即火化。

靈魂即將脫離肉體時，靈魂的上半身會慢慢浮起，接著整個靈魂緩緩飄離肉體，經過一段時間，靈魂終於像金蟬脫殼般，浮在空中。這時，從頭部連接靈魂與肉體的靈子線，終於完全斷掉，這才代表人處於「完全死亡」的狀態。

離開世間，前往靈界

離開肉體後的靈魂，看到為自己舉辦的守靈及葬禮，以及火葬場火化的景況，儘管心中疑惑著：「我的相片怎麼會掛在葬禮儀式上？」也應該大致明白：「我似乎真的已經死了。」

其實，每個人都有一位守護靈，死亡之後，守護靈會現身迎接，並懇切地告知「你已經死了！」、「別再留戀世間、存有執著。」然後指引靈魂往該去的地方。

首先，與早年離世的親朋好友聚首，他們流著眼淚回憶往日種種，最後再以前輩身分稍微說明一下「死後的世界」。接下來，是到一個剛過世往生者的聚集之處，先進行一段時間的修行，便於適應沒有肉體的生活。

幾年過去之後，另一個引導者會出現，迎接靈魂回到出生前所待過的原本世界。

一般人死後，大概經歷這樣的過程。

三、進入靈界之後，年齡會有什麼樣的改變？

死後大約三年，可以變成自己喜歡的年齡模樣

到了靈界，仍然以死亡時的年齡繼續生活嗎？嬰兒依然保持稚嫩，老人仍舊如此老邁嗎？當然，大部分人在一段時間之內，仍留有死亡時的意識。

實際上，世間死亡的人仍以老年人居多，若以「人死後在一段時間之內，保留死亡時的意識」理論來推測，靈界不就成為「老人天國」了。這似乎與一般描述或想像的天國景象，有所出入。

真實的情況到底是如何呢？離開人世後，需要一段時間的修行，以拭除世間所沾染的污垢，使靈魂的本質漸漸清晰明白。這段時間的長短因人而異，平均需時三年左右，當然有人只須三天左右就除盡，也有人直接回到原本存在的世界。

之後，由守護靈或指導靈教導「何謂靈性的存在」，並透過實際操作學習在靈界變幻姿態；以世間的時間來說，平均三年左右能抓到訣竅。學會這個技巧之後，每個人可以依照願望自由變化了，例如心裡想著：「我想穿這種款式的衣服！」就會如願變出該款式的服裝，不管是喜歡變成年紀大一點的，或是喜歡變成年輕一點的，都能如願變成自己希望的模樣。

小孩靈魂在天國長成大人

嬰兒死後，以嬰兒的意識回到靈界，然而嬰兒並不明白已經離開了世間，因此，天國有以撫育小孩為修行的靈魂。

一般而言，在世間尚未經歷懷孕生產與撫育小孩的女性，靈魂回到天國後，必須繼續完成這些修行。所以，在天國的嬰兒靈魂，交由這些不曾養育小孩的女性照顧，以約為世間二十年左右的時間，將小孩靈魂撫育成人。

小孩成為大人的歷程，與世間類似，天國也有相當於幼稚園、小學、國中的學習之處，也會有老師在一定時間內教育這些孩子，學習在世間來不及學的事物，順利成長為大人的靈魂。之後，經過三年左右的學習，學會自由變換成自己希望的年齡。

倘若活著的時候，對靈界已有某些程度的瞭解，死後可能無須費時反省，可以毫無阻礙地回到原本存在的世界。例如，日本松下電器的創辦人松下幸之助過世時，他的靈魂在臨終當晚十點半左右拜訪我，約莫跟我聊了十分鐘之後，松下幸之助就直接返回梵天界，回到他原本存在的世界。

四、自殺者的靈魂何去何從

自殺者的靈魂會去地獄嗎？

原則上，自殺者的靈魂，是上不了天國的；與其說「升不了天國」，倒不如說「連地獄都去不了」。尚未完成使命就結束自己生命的人，靈魂多半變成徘徊某個特定地點的地縛靈。許多自殺者的靈魂，會留連徘徊在世間的某個特定空間，例如自殺之處，或遊蕩在家屬、親人身旁，所以無法離開世間、也無法進入地獄。

要這種人「徹底覺悟絕非易事」，必須耗費許多時日才會覺悟，儘管依照個性不同而有所差別，但最快也需歷經數年的時間。

自殺者的靈魂升上天國的條件

所有自殺者的靈魂都無法到天國嗎？事實上，是有一些例外的，藝術家之中就有真實的例子。

日本的白樺派作家----有島武郎（Arishima Takeo 1878-1923），雖然是自殺身亡，死後卻回到菩薩界。因為，他原本就背負使命，並在世間努力推廣人道主義，自殺而死還是可以回到天國，川端康成也是相同的例子。

儘管，自殺後可能會回到天國，但多數人卻是朝地獄而去，甚至徘徊世間不去。自殺後的靈魂將何去何從？這是一個賭注，千萬不要任意嘗試。

通常，選擇自殺的人，多是以自我為中心的人，往往只顧慮到自己的處境，當無法看見自己該往何處去時，乾脆自我了斷、一死百了。

儘管，自殺者回到天國的條件，與一般人幾乎相同，但是自殺者死狀幾乎都很悽慘，想回到天國有其困難之處。所以，一般人自殺之後，靈魂通常無法前往天國。

究竟，自殺的靈魂要達成何種條件，才能回到天國呢？通常有兩種情況。

一種情況是「本身有所自覺、有所領悟」：當自殺者明白所謂靈界的存在，並為自己的謬誤表示懺悔，屆時依然能回到天國。

另一種情況是「出現了告誡自殺者的靈魂」：自殺者在世間累積相當功德，儘管以自殺方式結束生命，在天國仍會出現有緣人前來相救，例如：世間早逝的親朋好友。自殺者透過有緣人的熱心告誡，可以藉助「他力」而有所覺悟，這是非常幸運的情況。

換言之，自殺者若是沒有功德，不會出現他力相助的，告誡者出現是屬於非常、非常幸運的狀況。我誠心地勸戒大家，絕對不可以有自殺的念頭。

五、供養慘遭天災人禍而無法升天的靈魂

同時供養多數人需要大能量

戰爭或天災造成許多傷亡，該如何供養這些無法升天的靈魂呢？

佛教中有所謂「千僧供養」，就是由「千名僧侶同時供養亡靈」。當範圍廣大、靈魂眾多時，僅僅只有一個出家僧為供養導師，力量確實過於單薄，必須聚合一千左右的僧侶，一起誦經供養。

簡而言之，就是增強念力。如果沒有集結眾多僧侶的念力，無法同時供養這麼多靈魂。例如：供養在地震災害中意外身亡的眾多靈魂，必須聚集相當龐大的能量，然而僅僅供養一次，也是無法幫助這些人順利到達天國。

到底供養到何種程度，才能進入天國呢？其實，每個人對世間所抱持的怨恨與執著迥異，所以供養的程度也是因人而異。

生前對於宗教有所了悟的人，死後可以早些進入天國。即便在地震災害中失去性命，

倘若相信靈魂世界的存在，或是相信「幸福科學」教義的人，無須太多時間就可以進入天國，這點是毋庸置疑的。

不過，若不信死後世界存在，或是拒絕宗教的人，在遭逢天災而突然喪失生命時，由於無法理解死亡來臨，依然抱持生前種種執著，會使得前來引導的靈也不知從何著手，只好在地表附近繼續飄蕩。

但是，倘若是對宗教完全無知的人，在死後數年內，仍舊無法領悟而維持死亡時的模樣。儘管，領悟力如何遲鈍，經過五十年左右，大概也能開始察覺「好像哪裡不對勁，好像有些奇怪呢！」

平均來說，這些靈魂會逗留世間三年左右，當然，真正情況也是因人而異，有的人長達五年、十年，或是二十年。不過，超過五十年之後，大概就會產生「差不多可以遺忘、釋懷了吧！」的感覺。

意外死亡的靈魂會早點轉世

在人生旅途中，不幸遭逢意外而死亡的人，若不必前往地獄受苦磨練，心存遺憾地回到天國，幾乎都會提早轉世，讓人生能夠重新來過。

意外結束生命的人，例如「在兒童時期死了」、「新婚的時候死掉」、「事業做到一半時死掉」、「人生『剛要開始』的時候死掉」的人，若懷抱著「重新來過一次」的強烈意志，多半能在十年或二十年之間，再度重回人間。

如果為死於大地震中的人惋惜，在災後約二十年左右，可以獎勵生育，因為許多想要重新打造人生的靈魂，正伺機轉世到人間。

其實，在東京大空襲（西元1945年前後）中枉死而回到天國的人，多在昭和四十年代（西元1965年前後）的嬰兒潮中，已經轉世人間。

在東京大空襲意外喪生的人，靈魂仍然徘徊人間不去的，應該已經寥寥無幾了，因為這些靈魂若非返回天國，就是還在地獄之中。倘若，在高樓大廈林立的現在，依舊察覺不到自己死亡的事實，勢必是異常頑固之人，只能繼續依附墓地，終日遊蕩。

地區淨化供養須持續三年

所謂千僧供養的千僧，只是象徵性的數字，無論是五百人、三百人或一百人，只要僧侶數量達到某種程度，一起舉行供養儀式，就能產生地區淨化的作用。

然而，遭逢意外死亡的人，無法立即理解已經死亡的事實，對世間仍舊抱持無限執著，無論如何得經過一段時日之後，才能逐漸放棄對世間的眷戀，接受引導靈的指導，才能返回天國。

他們還是無法簡單地就上到天國，畢竟他們對世間仍抱持執著，如果要達到某種程度的放棄，需要花上許多時間。

在地震災難中死亡的人，對於時間的感覺會同時停頓下來，直到眼見地震毀壞的城鎮，重建成新的風貌，才慢慢有所覺悟。因此，供養意外身亡的靈魂，基本上必須供養至死後的第三年，之後他們應該就能明白，世間發生的一切，終究只是一場夢。

六、向不相信死後世界的人傳達真理

掌握靈界知識才能及早醒覺

對不相信靈界存在的人，傳達佛法真理的意義何在？難道，這些人死後，就能因此及早發現靈界的存在？

如果生前有信仰、相信靈魂存在，當然是最容易引導的狀況，如果沒有到達信仰的程度，對死後世界有些許基本常識，引導起來也會比較簡單。自己不相信死後的世界，卻常聽妻子說；自己不相信，卻常聽孩子說；自己不相信，卻常聽爺爺或奶奶說……等等，透過不斷聽說而累積的知識，死後也較易察覺到：「或許，他們講的都是真的。」

在靈界引導死者時，最棘手的莫過於對死後世界毫無所知的人。畢竟，引導一個缺乏靈界概念的人，是一件極為困難之事。

在世間，無論如何解釋都像對牛彈琴的人，到了靈界，不管旁人如何費盡口舌也說服不了，就算直接告訴他「你已經死了！」這般頑固的人也無法接受死亡的事實。

為了讓頑固之人相信，旁人或許會問：「你最近吃過飯了嗎？」他才恍然想起：「我好像已經好幾年沒吃飯了。」

我猜，各位一定覺得訝異：「為什麼連這種事都不知道呢？」

畢竟，活在世間的人，一天　吃飯就會餓得難受，一週沒吃飯應該就快餓死了，他們明知道好幾年沒吃東西了，卻依然認為自己還活著，甚至等到有人提醒「你已經好久沒吃飯了吧！」才終於發現：「對啊，好奇怪！」

另外，還有一種情形，當旁人告訴他：「你已經變成幽靈了！」他仍舊自信滿滿的說：「你以為我是傻子嗎？我明明活得好好的，正在跟你說話呢！」於是旁人建議他：「假如你覺得我說謊，不妨試試看把手穿過胸膛吧！」當死者舉起手、放到胸膛，竟然輕鬆穿透時，必然無比驚訝。

這時，若問他：「活著的人，可以將手穿越胸膛嗎？」對方只能回答：「當然不可能！」繼續追問：「你為什麼可以這麼做呢？」執迷不悟的靈魂，才開始質疑：「難道，我真的成為幽靈了？」

我想，這應該是最普遍的狀況，許多人對於死亡的認識，僅止於這種程度而已。所以即使身在靈界，卻渾然不覺自己已是死後世界的人。

透過真理知識增進信仰心

身在宗教信仰較為普及之處的人們，如基督教國家等，就比較容易理解死後世界的存在。相較之下，缺乏宗教信仰，或是思想單純的人，自然就慢了許多。此外，生前生活富裕、經濟無虞的人，也難以理解死後的世界，這是經濟繁榮所帶來的負面影響。

對於缺乏理解的人，或是徘徊特定區域的遊魂，必須經由旁人提醒「超過一週不吃東西卻沒感覺，代表你已經死了。」、「你可以飛天、遁地、穿牆，難道不覺得奇怪嗎？這絕對是死了的人才能辦到的」等等，才能逐漸了解自己已經死亡。

「這是你的家，你原本住在這裡，可是房子已經被火燒毀，僅僅剩下一根柱子，你覺得整棟房子被燒得精光，住在裡面的你，可能逃過被大火吞噬的命運嗎？事實上，你已經像烤過頭的牛排，變成黑黑的焦炭，你看，你就在那堆焦炭之中。」

「現在的我，又是什麼呢？」

「一個沒有肉體的你。」

一個完全不具概念的人，所具備的認知程度，大概只能達到這種水準。至於，病死或遭逢意外死亡的人也是如此，引導起來格外棘手。

生前一定要學習靈界的知識，哪怕只是一點點皮毛。如果可以更深入了解，進而產生宗教信仰的話，死後便能快速地融入靈魂的世界。我相信「幸福科學」的會員們，即使遭遇天災而突然過世，也隨即能明白死亡的事實，一邊與引導靈打招呼、一邊往天國移動。

然而，一些信仰心薄弱的人，或許還抱持「再多活些日子就好了」的想法，這一類的人則是例外。相較之下，已有充分領悟的人，或許一天左右就能升上天國。

各位讀者不妨捫心自問，自己是屬於哪一種類型。

七、如何看待腦死的問題

「靈子線」斷掉才算死亡

現代醫學認為：「人的腦波停止，即是死亡。」因為腦部功能一旦停止，永遠無法恢復原有機能。

單從肉體觀點來說，這種說法應該可以成立，但人的肉體中還寄宿著靈魂，所以真正的死亡，應該是靈魂完全脫離肉體之後。當靈魂尚未脫離肉體，還以沉睡狀態處於肉體之中，就不算真正的死亡。

靈魂脫離肉體，至少需要經過一天的時間。

當人死亡之後，通常還誤以為自己仍舊活著，靈魂不會立刻離開身體，如果死後立即送往火葬場火化，將是一件非常恐怖的事情。所以，人們通常會舉行守靈儀式，透過一整晚的守靈，讓靈魂有足夠時間脫離肉體。

當死者看到親朋好友們穿著深色衣服、流著眼淚，又看到自己的照片高高懸掛，就會開始思索：「自己說不定已經死了。」這種自覺產生之後，靈魂將漸漸從肉體脫離，當連結肉體與靈魂的靈子線斷開之際，就是真正的死亡了。

靈子線尚未斷裂時，肉體的感覺仍會傳達給靈魂，即使看似死亡了，靈魂依然能感受到肉體的變化；靈子線斷開之後，不管肉體受到何種處置，靈魂都不會有任何感覺了。

如果在大腦機能停止後，醫生馬上取出肝臟或腎臟等器官，究竟會是什麼情況呢？其實，就像以手術刀剖開活人身體、取出內臟，你能夠忍受這種對待嗎？

或許你會說「可以」、或許你會說「我不要這樣」，不管是否能夠忍受，從結論來說，只要靈子線尚未切斷，靈魂依舊能感受肉體的疼痛。總之，當大腦機能停止後，當醫師取出你的內臟器官時，你必定會感受到激烈的疼痛和驚愕，這是毫無疑問的事實。

以靈魂的觀點來看，如果真的要取出內臟器官，在死後過了一天再進行，其實是比較恰當，但如此一來，器官機能勢必衰竭，便無法幫助需要接受器官移植的人。畢竟，進行器官移植，還是需要新鮮的器官。

所以，死後捐贈器官的人，一定得承受劇烈的疼痛；如果你真的選擇這麼做的話，必須要有著「自己即將邁向死亡，為了幫助他人，我可以忍受痛苦」的自覺。

內臟具有靈魂意識

人的靈魂看似獨立的個體，其實是多重意識組合的複合體，人類以腦部為中樞整合所有意識，其中包括內臟意識。所以，內臟也是具有靈魂意識的。

當胎兒在母親子宮裡，身體逐漸成形時，司掌各種內臟器官的靈魂，也發出指令，使各個器官慢慢發育成形。

人死時，各內臟意識會結為一氣，同時離開肉體。因此，如果死後馬上取出內臟的話，即使靈魂從肉體中脫離，也將帶著莫大的痛苦離開。

當然，如果可以清楚了解何謂生死，明確認清靈性的存在，便能克服這種痛楚，令痛楚漸漸消失。然而，如果是抱持唯物論思想的人，認定死後一切都結束了，在死後捐贈器官的過程，就會變得異常痛苦。

當醫生取出內臟時，他會痛苦地叫喊：「好痛！好痛呀！」明明不需要心臟了，卻還是大聲哀嚎：「我的心臟被拿走了！」儘管根本不會流血，卻彷彿流血不止般，大聲喊叫：「糟糕！我還在流血！」

當靈魂脫離肉體之後，短時間內仍會維持著肉體的形狀，如果死前忘了剪指甲，靈魂的指甲也是長長的；如果死前有白髮，靈魂的頭髮中也會有白髮，甚至連眼睫毛、指甲形狀也都一樣。如果死後心臟還在，輕撫胸口就可以感受到心臟的跳動呢！

在靈界生活一段時日之後，肉體的感覺才會慢慢地消失，漸漸變成單純的靈體。通常，人死後的二、三年之間，依然會感覺到內臟器官的存在。

捐贈器官前的心理準備

我想，經過以上說明，各位讀者大致已經明白，捐贈器官是一種愛的行為，但捐贈的同時，必須承受這行為所伴隨的痛苦。

其實，有些器官受贈者之所以接受器官移植後，立刻出現排斥現象，其原因在於彼此間的意識互有差異，亦即受贈者認為「自己身體裝了他人器官」，進而產生排斥的反應。簡單的說，就是拒絕他人的靈魂意識進入自己的體內。

為了避免這種狀況發生，醫生應先對臨終的捐贈患者說明：「你過世後，內臟器官將移植到他人的體內，希望你能夠明白可能遇到的各種狀況。」同時也必須向受贈者說明：「這是一個持有意識的內臟器官，為了避免出現排斥反應，你務必抱持真誠的感謝之心。」身為醫生的人，一定要對雙方如此諄諄告誡。

因此，捐贈者必須做好「大腦機能停止後，馬上取出內臟，一定會感覺疼痛」的心理準備，才不會到時痛苦地喊叫：「好痛！好痛！」對內臟器官產生影響而形成不良反應。至於，受贈者必須懷著感恩之心，抱持「真心感謝」的態度，並且誠心祈求捐贈者能夠回到天國，才能避免這種排斥的情況發生。

我衷心期盼，醫生確實理解靈性的意義之後，再進行內臟器官移植手術。

讀到此處，或許你會產生一些畏懼之感，但是我仍然必須清楚講明這些事情。因為，等到大腦機能停止，醫生摘取你的內臟器官時，你才驚慌地大喊：「等一下！」那時就太遲了，因為誰也聽不見你說的話了。

總之，我想事先提醒大家的是，內臟器官被摘取出來，是一件很痛苦的事。

遺體運到火葬場火化，也是同樣的道理。

如果以「太忙了」、「空間太狹窄了」等理由，將往生者的遺體立即送去火化，不僅會令往生者身陷火海之苦，也會害他難以順利升上天國。所以，盡可能將遺體多放置一天，並在這段期間努力說服死者：「不要眷戀世間，絕不可依附肉身，一定要回歸天國。」這是一件非常重要的事。

腦死與器官移植的問題點

第三章　腦死與器官移植的問題點

一、宗教家的使命

說出關於靈性的真相

在一九九七年，日本國會針對「腦死是否等於人的死亡」、「在腦死狀態下，是否可以進行內臟器官移植手術」等主題詳加討論，當時媒體也針對這個議題爭相報導。當時輿論傾向支持進行移植手術的醫生們的意見，宗教界的意見遭到冷落與忽視。

的確，以舊思維為依據的宗教，實在難以解釋內臟器官移植這個現代問題，何況，許多現代人不相信死後的世界及靈魂的存在。

事實上，即使在潛意識中有某種程度相信，但大部分人仍然無法以表面意識明確傳達，自己其實是相信的。

我身為一個宗教家，有責任站出來闡述意見。這是一個知曉真相的宗教家的意見，是一個不受眾人意見所左右的正論。

二、何謂真正的死亡

「唯腦論」是新唯物論的變相表達

社會上，對於腦死與內臟器官移植的問題，經常出現「腦死代表死亡」的醫學觀點。但是，醫學上的死亡與宗教上的死亡，論調是否相同呢？

「死亡難道有兩種不同的面貌嗎？還是結論只有一個呢？抑或是某一方的想法，僅掌握了事實的某個面向呢？」我想要就此問題加以闡述。

首先，從思想的層面來說明。

西方國家陣營在與共產主義國家冷戰勝出之後，從一九九〇年代以來，以馬克思主義為基礎的唯物論，看似呈現了大幅衰退。但我卻認為二次世界大戰後，唯物論思想正以一種迥異型態慢慢抬頭，就是以「人的本質是大腦，大腦機能一旦喪失，人與屍體毫無差別」為思考模式的「唯腦論」。

其實，這種唯腦思想，幾乎是存在已久的《人即機器論》（*L'omme machine*）的翻版。因此，我認為這是醫學上的唯物論、醫學上的馬克思理論，是一種取代馬克思唯物論的新唯物論。

我不得不嚴正指出，在關於內臟器官移植法案爭論的背後，隱含著「唯物論」與「堅信靈界存在的宗教觀」之爭。

人類的本質是靈魂

醫學上認定：「當腦部機能停止時，人就變成一具屍體了，腦死代表人的死亡。」但真的如此嗎？

自從我的靈性意識開啟，與離開世間的靈人對話，我一直以宗教家的身分指導宗教活動。在數十年中，我出版了許多「靈言集」，讓歷史上赫赫有名的人物，在靈魂脫離肉體之後，所思所想仍得以轉化成文字，普及於世。

根據我的實際體驗，深知：「人並非以大腦思考。」、「人死後，依然保有生前的習慣和思考方式，並持續進行具有個性的思想活動。」、「人死後，同樣具有思考的能力。」這是不容置疑的事實。

人並非以大腦思考，大腦就像一個管理室，具備類似電腦運算及管理的機能，當頭腦「機器」故障時，人的思緒就無法表達了。其實，這只是一種功能性的障礙，人的思考力和意志力並未喪失。

換句換說，人的思考中樞在於靈魂、靈體，靈魂才是人的本體，肉體不過是一種工具。

若將肉體比喻為車子，靈魂就是司機了。當車子發生故障無法前進時，雖然看似司機將車子停下來，也絕對不會與司機的生死混為一談。靈魂和肉體的關係，如同車子和司機的關係，靈魂的存滅，與肉體的生死毫無關係。

我認為，這一觀點，是腦死問題最應該探討之處。

腦死狀態下的靈魂

在醫師宣稱「腦部功能完全喪失」的腦死狀態下，肉體跟靈魂之間又是何種關係呢？

在人尚有體溫、氣息的狀態下，心臟繼續跳動，血液繼續流動，靈魂也繼續留在肉體之中。所以，在腦死狀態下，人的靈魂依然附著於肉體，這就是靈魂的真相。

處於腦死狀態的人，多數是起因於交通事故造成腦部損傷，面對這種突來的意外事故，人們幾乎無法釐清自己處於何種狀態。即使醫師宣告：「已經腦死，變成一具屍體了」，絕大多數人也無法接受自己肉體已經死亡了的事實。

在大腦沒有反應的情況下，是否代表喪失了思考能力呢？是否代表無法聽見身邊的人所講的話？其實，靈體無須耳朵，就能知道對方講的話，甚至連心裡想些什麼也知道。

因此，即使處於昏迷狀態的病人，也清楚明白周圍的人講些什麼、想些什麼，並明確知道自己正接受何種醫療處置。

移植器官造成靈體附身

在靈子線尚未完全斷裂、肉體尚未達到死亡狀態時，不相信靈界或靈魂存在的人，以「自己還能辨識自己、自己還能思考」為依據，認為「自己肉體仍然活著」。然而，相信死後世界及靈魂存在的人，清楚體認「靈體與肉體不同」，即明白「自己肉體慢慢面臨死亡，靈體依然還活著」。

這就是關鍵所在。

無法區分靈體與肉體的人，即使不是以肉體思考，而是以靈體思考，卻依舊堅信自己活著。他們聽見床邊親人的殷殷呼喚，儘管出聲回應，親人卻似乎完全聽不見，他們因此焦急得不知所措。

假如這時醫生執刀剖開身體，取出內臟器官，並移植給等待器官的病患，究竟會發生什麼狀況呢？

首先，面臨死亡的人，必定產生極大的驚愕。

我必須強調「在靈魂的機能中，大腦、心臟都是重要中樞」，因為人的靈魂並非像果凍般的阿米巴原蟲，而是層層疊疊的複合體；而內臟器官，也並非單純的一種物質，而是具有靈魂的意識。

心臟，是主宰意志與感情的靈性中樞；如果在死者尚未承認死亡的情況下，將心臟移植到他人體內，此人的靈體將跟著轉移到新肉體，產生「附身」的靈性現象。

當捐贈者的靈魂和移植者的靈魂，進入一種共存的狀態時，即會產生排斥反應。在過去的醫學報告中，有許多移植手術後產生排斥反應的實例。

無法前往靈界的靈魂，多是對世間充滿執著，或是心存憤恨與怨氣，經常藉著到處作怪發洩不滿。因此，部分器官受贈者家中陸續遭遇不幸之事，這就是傳說中「怨靈作祟」的「怨靈」問題。

器官捐贈者到了靈界會怎樣？

人死後，靈魂將離開肉體，前往死後世界。一開始，會在稱為「幽界」、「精靈界」的四次元靈界，過著類似生前的靈性生活。而往上一層的五次元「善人界」以上，就是所謂的天國了。

在四次元或五次元靈界的靈魂，仍舊擁有世間的生活能力，指甲繼續生長，心臟繼續跳動，生前的意識也都帶到死後的世界。因此，捐贈心臟的人，在心臟部位呈現空洞的狀態下，前往死後的世界，意識亦時時處於起伏不穩之中。

他們剛開始會感到困惑，甚至手足無措，然而，一段時間之後，將慢慢淡忘人間種種、漸漸習慣靈體生活，肉體意識也逐步轉化為靈性意識。

儘管，靈格越高越能遠離肉體意識，進入「思想」的世界。然而，一般人死後數年內，是以靈性意識與肉體意識共存的狀態待在靈界。

我不得不明確指出，在腦死狀態下進行器官移植，可能造成受贈者的靈性障礙。即使沒有發生這種憾事，但在捐贈者前往死後世界的旅程中，也勢必遭遇極大的阻礙。

「靈肉二元論」與「色心不二」

或許有些人認為：「在歐美這個基督教文化圈裡，幾十年前就提倡內臟器官移植，為什麼我們還要探討這個問題呢？」因為基督教文化圈，將未成熟的理論視為主流意識。

基督教文化圈存在著「靈肉二元論」，到笛卡爾（Rene Descartes）二元論的強烈影響，人們普遍認同：「靈魂與肉體，是二種截然不同的東西。」

在歐美，人們認為：「肉體是肉體，靈體是靈體；肉體是神以塵土造就，靈體則是神將氣息吹入，即靈魂。」

在肉體與靈體分開思考的模式下，他們認為：「肉體是塵土所造就的物質，靈魂則是與肉體毫不相關的東西。」他們承認靈體的存在，卻認為「與肉體切割也無所謂」，這是一種靈性知識不足的表現。

實際上，靈體跟肉體並非迥異之物，兩者間有許多重疊之處。

佛教中的「色心不二」，意即「色（肉體）與心（心靈）並非個別的單獨存在。色與心無法一分為二，兩者間相互影響。」

從現實的觀點來看，這的確是事實，因為肉體的變化會傳達給靈體，而靈體的變化也會影響到肉體。例如，當肉體生病時，靈體同樣感受到苦痛，而靈體感到驚愕或生病時，肉體也會發生異常的變化。

靈魂脫離肉體即是死亡

一方是「即將往生的人」，一方是「接受內臟器官移植，或許可以多活幾年的人」，或許有人認為：「相互權衡之下，取出將死之人的內臟，移植給可能多活幾年的人，似乎更有價值。難道，不應該優先考慮能夠活得更久的人嗎？」

如果以愛的立場出發，我必須承認，這是某種自我犧牲的行為。但是，在腦死狀態下，肉體與靈體尚未分離，而死亡的定義，除了「靈魂離開肉體」之外，別無他說。

一般而言，人死後的兩三小時內，無法立刻放下對於肉體的執著，靈魂還會進進出出肉體，試圖抓住肉體。

我認為，對於死亡的認識，醫學與宗教口徑應當一致，將心跳停止與否，視為醫學上認定死亡的標準，既不嚴謹又不恰當，因為每個人都可以輕易判斷心跳狀態。我要再次提醒，在心跳停止過後的一段時間，死亡才會真正到來。

儘管，我可以充分理解「只要移植器官，或許就能繼續活著」的想法，但是，我不禁想問：「為了活下去，摘取尚未完全死亡的人的器官，難道不是一種執著嗎？難道不是一種欲望嗎？難道不是一種唯物思想嗎？」

當一個處於重病狀態卻「還想活著」的人，與另一個處於腦死狀態卻「還不想死」的人，彼此之間的執著心相互交疊時，必然會發生靈體附身的現象，進而衍生「靈障」的困擾。

器官捐贈看似一種愛的行為，遺憾的是，這無法拯救真正的靈魂。然而，將唯物論思想奉為社會主流的地方，卻處處瀰漫著「沒有靈魂、沒有死後世界，宗教是迷信、是無稽之談」的論調。

三、現代醫學尚未開化

人工流產造成靈界混亂

在現代，醫學似乎取代了宗教。「醫學是尖端科技，聚集了頂尖的知識，唯有萬能的醫學，才能判定一個人的生死。」這種高傲的看法四處蔓延。

以一個宗教家的靈眼觀察，我不認為現代醫學有多先進。針對死亡的問題，我已做了諸多論述，然而，根據醫學的觀點，卻仍舊無法解釋靈魂與肉體之間的關係。

相對於「死亡」的「誕生」問題中，我多次透過靈視目擊，懷孕滿九週之後，胎兒的靈魂進入母親肚子裡，靈魂與肉體從此相互依存。毫無疑問的，從懷孕第九週開始，胎兒就具有靈魂了，所以，之後若進行人工流產（墮胎），即是一種剝奪生命的行為。

人工流產會造成靈界靈魂難以轉生世間，引起靈界的混亂；此外，人工流產也會造成人生計畫中斷，引起世間的紛亂。例如，抱持明確人生計畫、準備轉生世間的人，受到人工流產的影響，無法與原定計畫中的對象共結連理，或無法擔任原本預備擔任的工作等等。這樣的靈性憾事，真實地在處處發生、處處上演。

心臟移植是古代宗教儀式的復活

遇到熱衷心臟移植的外科醫生時，我總不免聯想到古代馬雅文明。

在古馬雅文明中，有一種挖取活人心臟獻給神明的儀式，據說約有幾萬、幾十萬人，慘遭活活取出心臟的酷刑。我猜想：現代一些心臟移植手術的外科醫生，或許前世生於古馬雅文明，以執刀挖取活人心臟為業。

我想，外科醫生應該難以想像，在腦死狀態下摘除內臟器官，靈體承受多大的痛苦。我想，許多醫生應該渾然不覺，人的靈體可以感到疼痛，即使是臨終前打的點滴，成為靈體之後，依然感到手臂插著針頭的痛楚。

希望各位讀者能夠體認到，現代醫學無法解釋清楚靈魂與肉體之間的關係，仍處於尚未開化的地步。

我認為，與其說心臟移植手術是最尖端科學，倒不如說是古代宗教儀式的復活。因此，我衷心祈禱，「唯腦論」這個新唯物論，不會席捲二十一世紀。

供養祖先的靈性真相

第四章　供養祖先的靈性真相

一、供養祖先的意義

了解宗教的首要使命

這一章，我想談論關於供養祖先的實際情況。

供養祖先的行為並沒有錯，只是人活於世間時，就應該接觸宗教教義、學習正確的人生觀，抱著信仰之心、過著端正己心的人生，並非等到死後接受子孫供養。

拯救世間活著的人，是一般宗教團體的主要原則。所謂「拯救」，是「拯救靈魂」，而非「拯救肉體」；因此，拯救活著的人類之靈魂，才是宗教的第一使命。

現在全球約有六十億人，讓這些活在世上的人，認識佛法真理的意義，接著積極學習佛法，並透過信仰實踐、改善人生，進而傳播佛法，同時在各地、各國建立佛陀淨土，這是「幸福科學」最重要的第一原則，應投注百分之九十以上的力量。

對先人們的一種救濟

供養祖先，是對於生前未能獲得拯救的人，進行一種事後補救。

當然，在世時可以得到拯救，是最好不過的事了，可是許多情況是尚未得到拯救就死亡，或是等不及「幸福科學」出現就過世，才衍生「有辦法拯救這些人嗎？」之類的問題。

在基督教中，如何拯救這些人，是個無解的大問題。

基督教徒常說：「不信基督教，無法進入天國。」一些較為極端的基督教徒則說：「不成為基督教徒，將會墮入地獄。」假如真是如此，那代表耶穌基督誕生前的歷史，屬於無明的歷史，早於耶穌基督誕生的所有人類，他們是不可能得到救贖的。

佛教有所謂「供養祖先」，讓在世無緣接觸佛教的人，死後仍然可以得到拯救，這代表「對於過去人類，佛教存在著救濟理論」。佛教所謂供養祖先的主要對象，應該是最近數十年過世的人，畢竟一、兩千年前死亡的人，靈魂至今仍四處飄蕩的可能性很小。

「為拯救過去的靈魂而伸出援手」這特有的論點（天主教則有「勸解的祈禱」之類似思想），正是佛教與基督教的差異所在。

供養祖先，是靈魂得到拯救的契機，卻不代表可以輕而易舉得到拯救。例如：在地獄待了一、兩千年的惡魔，如果真心悔改，就可以減少黑暗、增加光明；然而他們如不知悔改，繼續為非作歹，無論如何也無法消除黑暗，因此難以獲得拯救。通常，在這個世界上無惡不作的人，死後若能痛改前非，減少壞的想法與行動，接著只要慢慢累積陰德，減少一點黑暗、增加一些光明，當光明超過黑暗之後，自然可以離開地獄、回到天堂。

二、供養祖先的注意事項

避免淪為「奪愛」的替代品

某些教團十分重視供養祖先，甚至有些教團不分早晚，全年無休地進行供養。若問這是否正確，單就靈性的真相來看，必須要予以質疑。

子孫通常都「想供養祖先」，當然，懷念祖先是一件立意良善的事情，然而，如果子孫是為了祈求祖先庇祐而供養的話，供養就會變質了。例如：由於「學業不佳」、「事業不振」、「戀愛不成功」……等問題，懷疑是否「祖先的靈魂作祟所致」，因此而拼命供養祖先的人，其實大有人在。

供養祖先，應該是一種無條件的「施愛」，如果為了滿足私欲，或希望「祖先不要危害子孫」等目的，供養祖先就容易變成「奪愛」。當供養者與受供養者相互利用，抱持要求對方保佑、救濟的回饋心態，彼此關係將發生微妙的變化，甚至造成某些人失去反省的能力。

如果受供養的祖先到了天國，子孫可向祖先祈願：「但願祖先在靈界的修行，可以獲得更精進、更高深的領悟，上升到更高層次的境界。而我們子孫也會努力上進。」

當子孫越努力上進，受供養的祖先也會覺得：「我的子孫們那麼努力上進，為人世間貢獻良多」隨著累積陰德、得到光明，周遭會傳出「你家子孫很有成就，真是令人佩服！」等好評價。以子孫成就為傲的祖先，也開始自覺「自己應該好好努力了！」於是，祖先的修行也將更精進。以上說法，是針對好的祖先供養情形。

如果子孫將生活失意歸咎於祖先，為了早日脫離苦難，於是早、午、晚不停的供養祖先，修行不夠的祖先會認定「希望得到幸福，就盡量供養吧！」之後，祖先就會賴在子孫家中接受供養，完全荒廢了在靈界應有的修行。

倘若生前走了偏邪路，死後就必須到地獄修行，經過一段艱苦的時間後，一定可以領悟「自己真的做錯了！」然而，倘若是離開地獄、回到家中坐鎮的祖先，不知修行、反省，就會斤斤計較著：「供養要勤快一點！」、「供養的白飯太少了！」、「怎麼拿便宜的花來供養！」、「兒子每天喝酒，把酒都喝光了，都沒有拿來供養！」……等等瑣碎事情。

部分祖先還會埋怨：「子孫們都太懶惰，沒有好好的供養祖先，才害我這麼辛苦。所有的子孫都太可惡了，不懲罰他們真的不行，我想得讓一個孩子遭遇事故才行。」有些祖先不只是叨叨唸唸而已，還真的詛咒子孫出事呢！

有些教團的信徒每天皆在供養祖先，其中絕大部分都出現了靈障，有非常多的人全身皆遭到惡靈覆蓋，這令我深深感慨，供養祖先確實存在許多困難之處。

假如子孫心境協調、充滿光明，而且是一個可以降下守護靈之光予以拯救的人，那麼此人在供養祖先時，的確其光可傳達給在靈界的靈人，減輕他們的痛苦。然而，如果子孫心想「希望藉由趕走祖先，自己就能幸福了」，一心祈求自己能得到拯救，進而對祖先進行供養的話，那無疑兩方皆陷入同一個窠臼，一起受苦。這種例子非常的多。

讓自己發光是供養祖先的原點

供養祖先，千萬不可搞錯原點。

供養祖先，必須自己先修行，讓自己具備佛光的感受，進而再將佛光迴向給祖先。

如果燈塔本身不發光，那就無法照亮夜間漆黑的大海。看到黑夜裡有船隻迷航漂流時，與其拼命喊著：「一定要救那艘船！」還不如設法讓燈塔發出光芒。

同樣的道理，如果自己沒有好好修行，每天忙著供養祖先，內心一直希望想要拯救祖先，那絕對無濟於事。與其如此，還不如設法讓自己變成發光的燈塔。

唯有透過領悟的力量，才能真正的供養祖先，這是供養祖先的原點。

供養法會在靈性上的意義

供養祖先有其風險，因此不鼓勵在家裡舉行繁瑣的祭祖活動。

「幸福科學」的正心館以及各地支部，每年都會舉行祖先供養法會。參加「幸福科學」舉行的祖先供養法會，不僅有修行較高、光明較強的法友一起祭拜祖先，還有導師可以指導，供養起祖先更好、更安全。

此外，在「幸福科學」祖先供養法會裡，還會有參加者的守護靈、指導靈或教團的支援靈前來幫忙。遭到祖先附身的子孫來到這裡，這些附身在子孫身上的靈一定會被責問：「你又想幹什麼？你好像做了好幾年的壞事！」

人類無法看見這些亡靈，他們才能為所欲為。可是靈界的其他靈人卻可以看到，然後出言責備：「枉費你的子孫那麼努力，你卻壞事作盡。」他們會因此變得安分。

靈界的事情，委託靈界地位較高的靈人來處理，才是最佳捷徑。為人子孫的，如果無法以自己的力量拯救自己，可以參加「幸福科學」所舉辦的宗教活動，可以與靈界地位較高的靈人結緣，讓地位較高的靈人們去點醒為非作歹的祖先。

當然，全家族在家裡一起供養祖先的行為，並非不可行，只是最好不要過度，以一年幾次為宜。供養祖先時，盡量到有導師指導的地方，不僅危險性較低，效果也會更好。

如果每天早、中、晚都不斷地供養祖先，甚至連睡覺前也供養，還不如自己好好修行一番來得有效。推薦各位可以讀誦「幸福科學」的根本經典《佛說・正心法語》或是其他佛法真理書籍，增進自身對佛法真理的領悟，然後勤加修行。

抱持著正確心態來供養祖先，是非常重要的。

三、死亡是通往靈界的旅程

「諸行無常」之死

其實，仔細觀察從公司退休的老年人，就不難瞭解供養祖先形成的原因。當失去了工作、收入，只好仰賴兒子或女兒生活，這種晚年生活已經接近供養祖先了。

人上了年紀後，心境應該趨於平淡，許多人卻懷著「身體越來越不聽使喚，最後一定會死掉」的強烈恐懼，自然對這個世界益加執著。這個執著，跟死後要求供養的心態，是一模一樣的。對於這個世界的執著，來自對於肉體生命、家族、土地、房子和工作……等的執著，這個執著和死後要求供養的心態相似，是要求供養之心的根源。

死亡是佛教的根本，即所謂的「諸行無常」。人歷經出生、衰老、生病，然後死亡，這個過程是永恆不變的真理。任何人都無法防止老化、無法避免生病，任何人都必須服從這個宇宙真理，順從這個真理出生，再順從這個真理逝去。

從肉體的角度來看，死亡是一件令人悲傷的事情；可是，從靈魂的觀點來看，死亡只不過是通往靈界的旅程。世間的生活，猶如到國外留學一般，留學生涯結束後，自然要回到原本的國家，而這個回國的過程就是死亡，人透過死亡回到原來的地方。

面對死亡，適度的悲傷是可以理解的，但如果過度悲傷，可能招致麻煩與傷害。

死亡並非永遠的別離

通常，人們認定「人死之後，永遠無法再見面」，將死亡當成一件悲傷的事情，這是因為人們不了解靈界的情況。

若非生前已具修行或負有使命的人，死後剛到靈界的短時間內，會彷彿失業般無所是事，如果世間的人過度思念死去的人，他的靈魂就會依附過來，完全荒廢靈界的事務。

其實，這不限於親戚而已，即便是朋友或是同事也會如此。如果公司同事過世，其他同事每天想念他、談論他，好奇著：「不知道他現在好不好？」那個死去同事的靈魂就會依附、糾纏，絕對不可不謹慎！「死亡是永遠的別離，死了就無法再見面了」這是世間普遍的觀念，但事實上並非如此，往生者可能每天都來找你。

白天，我的表面意識比較忙碌，亡者靈魂只能靠近身邊，無法說些什麼話；可是一到晚上就寢時，世間與靈界的狀態一致，他們就可以自由地表達想法。靈界的靈魂，可能來自地獄、可能來自天國，他們不管你有沒有空，隨心所欲地來拜訪，經常吵得我無法睡覺，甚至讓我耽誤到世間的事情。

有時候，為了疏離他們，我會語氣稍微冷淡地說：「我實在有點忙，希望你在靈界盡快找到事情做」或是「請你趕快在靈界找到適當的工作，不要再執著世間的事情了。請專心做靈界的工作，才會得到幸福，才會有所成就。如果世間的人做錯什麼事情，到時再來指導也可以；如果我們都做得很好，不來找我們也沒有關係。」類似這樣，讓彼此因為忙碌而保持一定的距離。世間之人處於靈能狀態時，心中的一個念頭，一瞬間即能和靈界相通。正所謂「一念三千」，學會調整心念是非常重要的。

心念不但會和靈界相通，即便是在世間，如果一直把心思放在某人的身上，不久心念即會與此人相通。特別是我的情形，儘管是世間的人，只要我稍微用心思慮，對方的表情與想法會立刻透過念波傳給我，彷彿使用「視訊電話」般，我還會說些：「原來你想跟我說這些呀！好，我知道了」之類的回答。

讓我覺得比較吵的是，依附在那個人身上的靈魂，也會來跟我打小報告：「現在的情形是如何、如何……」等等。

在靈性上，在全世界、全人類之間，已經建立了類似網路關係，所以如何控制心念，讓己心維持平靜就是一件非常重要的事。

因此，在這層意義上，人們應將重點放在自我修行上，越是希望拯救更多的人，就越是需要與雜念保持距離。若不做這樣的修行，那就無法將光明分送給更多的人。

獲得拯救前應有的自覺

對於回到天國的祖先，不妨以「祈願祖先在靈界的修行能更加提升」的心態來供養，原則上，每年向祖先報告一至二次近況即可。而對於墜入地獄的祖先，在世的人可以累積修行功力，透過佛法的講述來拯救祖先。

但是，倘若在世時即是難以拯救之人，到了靈界仍然不易獲得拯救，此時，墜入地獄的祖先則必須仰賴自己修行，唯有自己覺察到原來自己犯了錯，之後方才能得到拯救。

也唯有真正自覺到自身的責任，真正的反省「自己確實在某些地方犯了錯」，才能進到下個階段，獲得拯救。地獄這個充滿痛苦的世界，就是為了督促人們早日自覺才存在的。

當人回到靈界時，倘若感覺周圍一片漆黑，可能會以為「現在是天國的夜晚呢！」事實上，天國沒有夜晚，感覺「為何長夜漫漫，天始終不亮？」時，表示那裡根本不是天國。

此外，倘若覺得「怎麼這麼寒冷」、「不時聽見可怕的鬼吼聲」，或是「肚子餓得好難受」、「身體動彈不得，實在痛苦不堪」……等等，那就表示那裡根本不是天國。

務必記住，天國絕對不會產生「痛苦」、「寂寞」、「黑暗」、「孤獨」……等等感覺。

究竟，天國是一個怎樣的地方呢？

請大家先靜靜回想，人生最幸福的時候。天國的情景，大致上就像人生最幸福時的感覺。

當繁花綻放時，鳥雀、蝴蝶四處飛舞，洋溢著春天即將來臨的喜悅，令人感覺「春天快來了，真好！」或是像新學期開始時「升了一個年級，可以認識新朋友，還可以拿到新教科書，真令人開心！」類似這種振奮的情緒，就是在天國的感覺。

回到靈界時，若是周圍蔓延著幸福的感覺，應該就是天國了；相反的，若周遭是一片漆黑、寂寥的痛苦之地，那應該就是地獄了。

死後的靈魂，憑藉自己的直覺，或是透過身體的感覺，大致就能判斷自己到底是去了天國，還是地獄。

萬一，墜落到地獄的話，雖然有時會因世間的供養而得到救贖，但終究要有承擔自己錯誤的自覺，才能真正獲得拯救。

四、晚年生活應有的自覺

了斷對世間的執著

凡是人類，絕對無法避免「生、老、病、死」的歷程，即使窮盡所能地設法逃避，也猶如呼喚夕陽再度升空般，絕對不可能實現。

每個人都應有「凡是人類都會變老」的自覺，當身體漸漸老化不聽使喚，經常感到頭腦昏沉、兩眼昏花，充滿心有餘而力不足的無奈，代表「解脫的日子」逐漸近了，一定要做好「即將回到自由自在的天界」的心理準備，懷著平常心等待回歸日的到來。

人老了之後，慢慢受到社會的疏離，最後還可能被視為包袱。在這一段艱辛的過程中，不妨慢慢沉澱心裡的凡塵俗事，逐漸斷絕對於世間的眷戀，每天減少一些執著，為回歸靈界而準備。

社會進步所衍生的代溝

從明治時代以來的一百多年間，日本歷經三代至四代，就振興了日本的國力。日本國力日漸增強的原因，在於深耕教育一百多年，不僅努力汲取新知，更致力研究發展，因此兒子比父親優秀、孫子又比兒子優秀，一代比一代更有成就。

當然，「雙親有成就，小孩卻墮落」的情形也有；不過，孩子成就高於雙親，才是主要趨勢，因為教育制度發達，孩子們普遍受到良好的教育。現代的孩子接受高等教育的機會提高，過去不容易實現的海外留學，現在也都變得稀鬆平常了。

從整體來說，這是一種階級的提升；兒子比父親的階級高，孫子又比兒子更高一級，雖然有些不升反降的，但畢竟是極少數。

在這種差距下，兩代之間自然產生代溝，開始發生「父母親年歲漸長、活動力漸弱，兩代間的對話日漸短少」、「婆媳之間的價值觀分歧」等狀況。事實上，以宏觀的角度來看，世代之間產生代溝，是無可避免的事情。

舊時農村是個停滯不變的環境，凡事遵循規律、反覆運行，春天耕種、秋天收穫，年年如此循環不息。人們依隨自然規律與四季節令，循序過著既簡單又純樸的生活。

可是，現代社會發展迅速，日新月異，世代之間的隔閡越來越顯明，無論是父母親那一代、兒子那一代，或是孫子那一代，每一個世代都緊隨著社會的變遷。

「新人類」是現代專有的名詞，事實上，新人類一直不斷地誕生，稍微注意世界的發展狀況，就可以清楚發現這些新人類多麼優秀。

因此，當自己晉升為高齡者時，必須覺悟：「下一代絕對比自己優秀。」子女的成就絕對超過自己，相同的，自己的成就也絕對優於父母。

「衰退」所蘊含的美學

現代是一個極速蛻變的社會，十年之間的變化就難以預測，超過三十年的沉澱汰換，有些舊學問與新學問背道而馳，變得毫無用武之地。

例如：自稱「大學時修過經濟學」並獲得好成績的人，若學生時代所學的是馬克思經濟學，根本已經不屬於現代經濟學的範疇之內，甚至違逆現代社會潮流，這種學問反而成為一種阻礙。

因為，在學生時代「過於用功」的人，學習這類如今派不上用場的知識，還取得優等的成績，進入官場擔任要職。然而，這群守著過時學問的人，自命清高又過分拼命的工作，不僅無法融入現代社會，也衍生許多問題與困擾。

相反的，那些「學生時代荒廢課業、恣意玩樂」的人，進入社會後，較能感受到「若不努力學習新知識，未來就沒希望了」的危機感，於是開始學習各種新知識，反而較能符合時代需求，適應社會的生存法則，真正為時代貢獻一己之力。

那些自認為優秀的高材生，即使曾受到「你很優秀」的誇獎，那也可能是來自於一個脫離時代潮流的教授。儘管曾經是擁有高學歷的優秀學生，當所學的變成老舊無用的學問時，仍然註定遭到下一代的追趕、超越，終究逃不過落伍的命運。

每個人都要有「孩子總有一天贏過自己，自己必定走向衰敗」的覺悟。何況，「小孩比父母優秀」也是國家蒸蒸日上的證明，顯示「孩子們很努力，整個國家也很努力，這個世界未來可期」父母應該感到慶幸與欣慰才是。

當一個國家繁榮發展時，孩子的水準絕對超越父母，也必定產生眾多優秀的靈魂；相反的，當一個國家的國力開始衰退時，不僅孩子的水準比父母低落，許多優秀靈魂也開始鬆懈、放蕩，陸續增加許多向下沉淪的靈魂。

至於，在人們每天過著千篇一律生活的國家，處處充滿了雷同神似的靈魂，百年如一日的，不斷、不斷、不斷地輪迴轉世。

倘若自己開始不斷地說「已經老了，已經脫離時代了」，除了證明國家教育非常成功，整個國家正蓬勃發展，同時也代表自己應該放棄任何執著了。我們都必須覺悟「成長快速的國家，世代之間的代溝必然顯明，父母終究趕不上時代的變化，千萬不要抱持任何執著。」

例如，有人沾沾自喜於「對於航空科學頗有涉略，還開過螺旋槳飛機。」然而，現代已經進入火箭時代了，兩者之間根本無法相提並論。

基於相同的道理，試圖以父母的人生觀來約束孩子，似乎是一種無法如願的奢望。我想，倘若孩子對父母說：「老爸，這根本沒什麼，你會不會管太多了？」也是可以理解的。

婆媳之間的相處也是一樣，如果畢業自女子中學的婆婆，憑藉著自己從前所學的價值觀，想指導受過大學教育、接受過職業訓練的現代媳婦，根本是一件匪夷所思的難事。

因此，人步入晚年時，應該坦然接受「衰退」的美學，享受猶如美麗紅葉隨風飄落的快樂，即使遠遠落後也能保持平靜喜悅。在這個變動劇烈的社會裡，這是一種必要的生活態度，徹底拋棄執著，平實地迎接老年的來臨。

其實，人到達一定年齡，必定逐漸變得頑固，無法接受別人的意見；俗話中有句：「人老了要聽從孩子的話」這就是提醒人們務必保有一顆柔軟的心。

當然，即使回到靈界，仍要保有「向子孫學習」的柔軟之心，更要把自己當成靈界的新生，尊敬來自天堂的拯救之靈，謙虛地聽從教誨，努力學習，同時採取「發現錯誤，隨時改正」的柔軟姿態。

假設死後墜入地獄，以柔軟之心好好反省生前的惡業，只要不為自己找尋各種藉口，虛心聽從天使的指導，必能憑著自己的力量找到救濟、回到天堂。千萬不要一味的期待子孫來拯救，畢竟子孫有子孫必須完成的事情。

106-96

台北市大安區忠孝東路四段341號11樓之3

佳赫文化行銷有限公司　收

廣告回函
台北郵局登記證
台北廣字第1061號

姓名：

地址：

○○○-○○

高談文化、序曲文化、華滋出版 讀者回函卡

謝謝您費心填寫回函、寄回（免貼郵票），就能成為我們的VIP READER。未來除了可享購書特惠及不定期異業合作優惠方案外，還能早一步獲得最新的新書資訊。

姓名：＿＿＿＿＿ □男 □女 生日：＿＿年＿＿月＿＿日

E-mail：＿＿＿＿＿

職業：＿＿＿＿＿ 電話：＿＿＿＿＿ 手機：＿＿＿＿＿

●購買書名：＿＿＿＿＿

●您從何處知道這本書：＿＿＿＿＿

□書店（□誠品 □金石堂） □網路or電子報 □廣告DM

□報紙 □廣播 □親友介紹 □其他

●您通常以何種方式購書（可複選）

□逛書店 □網路書店 □郵購 □信用卡傳真 □其他

●您對本書的評價：

（請填代號：1.非常滿意 2.滿意 3.普通 4.不滿意 5.非常不滿意）

□定價 □內容 □版面設計 □印刷 □整體評價

●您的閱讀喜好：

□音樂 □藝術 □設計 □戲劇 □建築

□傳記 □旅遊 □散文 □時尚

●您願意推薦親友獲得高談文化新書訊息：

姓名：＿＿＿＿＿ E-mail：＿＿＿＿＿

電話：＿＿＿＿＿ 地址：＿＿＿＿＿

●您對本書的建議：＿＿＿＿＿

永恆的生命世界

第五章　永恆的生命世界

一、世間是虛幻的

世間是虛幻世界的證據

關於「生命是永恆」的問題，我在書籍刊物與法語裡提過多次，不知各位是否銘記永恆生命的真實性？人的真實生命無限，而我們所處的世間，不過是一個虛幻世界，人生中存在著象徵四苦的「生、老、病、死」，就是證據。

為什麼出生過程必須經歷許多痛苦呢？又為什麼出生之前必須待在母親身體裡，忍受孤獨的漫長時光呢？為什麼出世時必須一邊哭泣、一邊誕生呢？

這是一個冒險人生、一個無明人生的開始，一切「必須重頭來過」，為了來到這個充滿拘束的世界，必須遺忘過去那個自由自在的世界，這就是所謂的「生」之苦。

儘管，在世間凡事從頭開始，歷經十年、二十年、三十年的歲月後，人們慢慢喜歡上這個世界，對這個世界開始執著，並產生「世上所有東西，我都想要得到」的想法，於是盡情歌頌青春、擁抱人生。然而，老化一步步逼近，身體開始局部疼痛、臉龐開始泛起皺紋、頭髮開始冒出白髮，精神逐漸萎靡不振，未來充滿無限迷惘，夢想似乎日漸消失，明顯感受到「老」之將至。試圖回憶過去，盡是無法重新的青春時光，徒增無謂執著罷了；試圖遠離老化，可是終究難逃老化的命運。

接著是生病之苦。希望身體健康，卻無法實現；明明不想生病，卻又生了病，人生原本就難免有病痛的困擾，在承受病痛的同時，卻發現一向認為「屬於自己」的身體，卻無法隨心所欲地控制，才驚覺「原來這個身體並非永遠屬於我，只是暫時借用的」。

最後，不得不面臨的是「死」的痛苦；對人類而言，這無疑是最大的痛苦。

儘管，現在是生龍活虎的人，最後仍將面對死亡。為了逃避死亡的恐懼，有人只對世間之事感興趣，消極地沉溺享樂，可惜歲月不饒人，最後終究逐漸邁向死亡。隨著年歲增長，發現週遭朋友，像樹木落葉般逐一凋零。「生、老、病、死」這四種痛苦，不禁令人衍生一股哲學性的衝動，頻頻自問：「到底事實為何？真理又是什麼？」

世間存在各種苦惱

除了「生、老、病、死」這四種痛苦之外，這個世界上還有另外四種痛苦。

一是「怨憎會苦」，就是碰到不喜歡的人而產生痛苦。「如果沒有遇到那個人，自己將會很幸福」，然而，命運就是如此安排，無處可躲。

二是「愛別離苦」，就是與所愛的人分離的痛苦。「我不想跟他別離，不希望跟他分開」，例如：好朋友、老婆、老公、孩子……等等，誰都不希望分離，可是每個人遲早都會遇到。死亡無情的打破所有人際關係，彷彿波浪衝散貝殼般，無情的帶走你所愛的人。

三是「求不得苦」，就是得不到想要的東西而產生痛苦。在這個世界活了幾十年以後，慢慢習慣、喜歡這個世界的生活方式，也慢慢擴大對這個世界的執著。四五十歲以後，越來越無法捨棄名譽、金錢，甚至人際關係，而這一切卻又「得不到」，於是產生痛苦。

最後是「五陰盛苦」，就是身體五官慾望旺盛帶來煩惱與痛苦。「五陰盛苦」包括食欲、性欲，以及睡眠欲……等等，隨著肉體存在而帶來的各種痛苦。人與生俱來的肉體，彷彿在體內飼養動物一般，為人類帶來貪欲之苦；人無法消除身體五官旺盛的欲望之火，欲望之火如脫韁野馬般失控，忘了靈魂才是真正的主人。

這四種苦，是人生於世必然面對的苦惱。當你發現「人生苦短」這個事實之後，等於證明這個世界是虛幻的，並非真實、永恆的世界。因為這個世界不是真實的世界，才充滿令人執著的種種痛苦。

二、鍛鍊靈魂使它發光

現在所處的這個世界，是一個虛幻的世界。事實上，出生前的那個世界，即死後不久回歸的那個世界，才是生命永恆的真實世界。

活在那個真實世界的朋友們，在同一個時代來到了這個物質世界，暫時寄宿在肉體裡，過著人類的生活。

令人遺憾的是，許多人來到這個世界，忘記互相切磋琢磨、精進學習，卻過著漫無目標的盲目生活。偉大的聖光於是陸續降臨，有些宿於男性的肉體，有些宿於女性的肉體，努力教化世間的人們，竭力拯救世間的迷途眾生。

我的另一本著作《永遠之法》（台灣 華滋出版），曾提及「這個世界與靈界的組織架構」與「輪迴轉生的法則」。所有的人都應該認真閱讀這一本真實之書，不僅此生可以充滿光明，死後人生也將持續綻放光芒。

人必會邁向死亡，可能是今天，可能是明天、也可能是一年後、十年後，甚至二十年後，任誰也無法預料，死亡何時將至，可是它百分之一百會降臨，不論你、我、他。

在《永遠之法》裡，我已經提示過「死亡之後來臨的人生，才是真實的人生」，而且這一世的人生，對於之後來臨的人生，具有極為重要的意義，那就是鍛鍊你的靈魂，使它發光。

三、建立基於真理價值觀的佛國土

對靈魂來說，世間這個三次元現象界的人生，是一個類似學校的學習場所。

可是，大部分人都將這個虛幻世界，誤認為真實世界，不僅遺忘真實世界的實際情形，反而嘲笑、輕蔑真實世界。

各位必須明白，無法立足於真實世界的人生，既脆弱又短暫，非常容易崩壞；唯有認識真實的人生及真實的世界，才可以成就金剛不壞之身，猶如鑽石般堅固，永久綻放光芒。

我只有一個願望，那就是以佛國土，在世間得以成就，而這個淨土可成為永恆生命得以永恆進化之地。請各位務必將這永恆的生命世界告訴更多的人知道。

正因為那是真實的事，各位必須要懷有勇氣傳達出去。站在真實這一邊的人，必須要懷著真正的勇氣。真實即是強者，絕不可能失敗，各位必須要堅定信念，傳遞出去。各位的使命即是悟得這真理，並將這真理傳遞出去，拯救有緣的無數眾生。

今後，我也將持續秉持一貫的信念，努力不懈。

靈界的旅程

第六章　靈界的旅程

一、死後的世界確實存在

人為何有「生、老、病、死」之四苦

人的肉體死亡和靈魂可以前往靈界本是幸福的事。

在第一章「死亡之下，人人平等」中，提及了生命的奧祕，同時也明確指出了「人的肉體百分之百終有一死，誰也無法逃脫死亡」。

這就是說，我們需要在認識「人終有一死」的基礎上來建立人生觀。我在書中指出了：「人要以『自己終究是會死亡』為前提，來建立往後的人生觀」。

「死後的世界確實存在」，這一點我不知道反覆地說過多少次了。除非像我這樣具有靈性真實體驗的人加以說明，否則是沒有說服力的。因此我想透過各種機會闡明這一點。

人誕生於世間後，常執著於世間的生命，甚至有活到兩、三百歲長壽的想法。但如果真能在世間活上兩、三百年，常常要目送陸續離開人世的親朋好友，其實這是令人難以忍

受及感傷的事。

若問「何謂人？人生究竟指甚麼？」我認為，人生即是指一生的記憶。活著的人，如果腦海中填滿了對各種瑣碎事情的記憶，也就難以適應新的年代。

所以，人隨著年歲的增長，常會忘了眼前的事情，但卻能鮮明地憶起幾十年前的事情。譬如對於自己幼小時的事、年輕時的事，或是三、五十年前的事，回想起來就好像發生在昨天，並且可以反覆說個沒完，但是最近十年左右的事情卻記不太清楚了。隨著年紀大了，這類的情形也會增加。

死亡，雖說令人感到悲傷，若從巨視的觀點來看，須知：「人的肉體死亡，靈魂可以前往靈界，這本是幸福的事」。

因墮胎而造成的人生混亂

人做為嬰兒呱呱墜地，誕生到了世間。死亡離開人世時，也會依依不捨地啼泠，身邊的親朋好友們也會哭著送終。然而，這在某種意義上是對生死有所誤解。

嬰兒哭泣著生下來，這會讓人產生不可思議之感。高興得笑著出生不是很好嗎？但為何人要哭著來到這個世間呢？

其實，嬰兒在母親懷胎十月的日子裡，一直在黑暗中等待著出生時刻的到來。那時，有孤獨的悲傷，還有「不知能否安然出生」的不安及恐懼，這些都會在出生下來的那一刻得到解放，那種喜悅，只能以哭聲盡情地表達出來。

這種不安的心情，不僅是在被母親懷胎時出現，在轉世前，其靈魂在天上界和父母親訂下親子關係的約定，在為轉世做準備時，也會為自己能否安然無事地誕生到世間而擔心。

尤其在墮胎情形嚴重的國家，即使於靈界時有過親子關係之約，但當投胎時，卻有很多做父母的人想把孩子拿掉，所以最後能否順利地被生下來，做嬰兒的靈魂實在無法知曉。

有些懷孕了的母親，認為自己還有工作要做，便想把孩子拿掉；有些做父親的人，根本就不想要孩子，這樣的案例時有發生。當嬰兒的靈魂，在遇到被拿掉的危機時，會吶喊：「你們在做甚麼傻事啊！」但卻得不到父母的回應。

有些國家，把胎兒視為母親身體內臟的一部分，因此並不把「丟棄胎兒」視作是一件很嚴重的事，也不太有罪惡感。

因此，由這個層面來說，少子化的主要原因在於墮胎問題上，所以這種現象是可以改善的。

因為墮胎，致使許多人對日後的人生產生了混亂，這實在是件棘手的問題。

儘管有些人是因為無能為力而做出了這樣的選擇，但我認為，彼此相愛的人，如果有了愛的結晶，就應該盡可能把孩子生下來，並撫養長大。

雖說養育一個小孩，至少要花上三、五百萬，然而，這樣的費用也並非是一筆怎麼樣都難以籌劃的數目。如果是彼此相愛而有的愛情結晶，就一定要把他生下來。在媽媽肚裡的孩子也是這麼想的。

死後離開世間好似是前往靈界的開學典禮

人來到世間時是哭著被生下來的，死亡的時候也會感傷，動物對死亡也同樣有悲傷的情緒。

死亡為何令人感傷呢？

這是因為人活在世間數十年，覺得這個世界「比想像的要舒適」，因而對世間產生了執著心，對於自己熟悉的家庭、親人和朋友等等都有難以忘懷、戀戀不捨的感情，所以會感到悲傷。

死後離開世間，在某種意義上就是一場開學典禮，就像是「從幼稚園升上小學」一樣的開學典禮。不過，比較具有和過去告別的斷絕感。

關於死後的世界，無論事前聽過了多少，如果不親身經歷死亡的階段，就很難確信有這樣的世界存在。

譬如：小孩子在收到小學寄來的入學通知時，還不會有入學的實際感受。如果沒有經歷「穿制服、背書包、進校門、參加開學典禮、聽校長的致詞和接受學長學姐們的迎新」等，就不會有真實的感受。

同樣，關於死後的世界，即使聽到了和讀到了許多知識，但也只能像收到了入學通知那樣，無法產生真實的感受。

在某種意義上，這或許是無可奈何的事，這也說明，人們在這個世界上生活了幾十年，已經把本來世界的記憶忘掉了。

儘管有無可奈何的一面，但我們應該盡可能將「死後的世界是實相的世界，這個世界是虛幻的世界」這種佛教的實相觀，植入心頭不忘。

在任何時候都抱持著死而無悔之心

抱持「在任何時候都抱持著死而無悔之心」，這是佛教覺悟的理想。

釋尊曾反覆地教誨人們：「世間是不知何時就要與之別離的世界，是無常的世界。當離開了世間，便可以返回到原來的世界，所以要抱持著何時離開都不後悔的生活心態，要捨棄對世間的執著」。

從生與死的靈性實相來看就可以知道，這是多麼正確的教誨。

佛教明確地闡述了「對於生的執著，會妨礙前往死後的世界」，但是除了佛教以外的宗教，到底有沒有甚麼教義講得像佛教如此明確呢？雖然世上的宗教很多，但是否還有其他宗教的教義，能夠像佛教一樣如此清楚靈性實相呢？

即使釋尊時代已過了兩千五百年，但只要觀察現今人們的生活態度，以及如何對待死亡問題，「世人對世間的執著，果真是一大問題」便一目了然。

如果做了「斷世間執著，入安祥世界」的心靈修行，心靈便可入涅槃世界。

若是沒有經過修行的人，由於對世間心存執著，所以很難順利地前往靈界。

如果是不相信世間之外還有靈界存在的人，或覺得如果真有靈界存在的話，反而是對自己不利的人，可以斷言此人必定墮入地獄。請各位回顧己心，假如在自己的內心深處，有「如果靈界真的存在，自己就糟糕了」的想法的話，我就要提醒你：「你處於危險狀態」。

認為「靈界真實存在，沒必要恐懼」的人，可說此人大致上過著正確的人生。反之，擔心「若有靈界，自己將沒有好去處」的人，就需要嚴格地反省。因為，等死後才開始進入反省，可能是非常痛苦的。

從靈魂的角度來說，人死後進入了靈界，與其在靈界做反省修行，不如以肉身在三次元物質世界，追求靈性世界的覺悟來得尊貴。

「生於世間，相信肉眼看不見的世界，並為體悟真理而生。」這是可從今世修行中獲得的珍貴教訓，但願人們在今世能掌握到這個真理。

這就是佛教教誨的要點，其實很簡單，也彙集成了經文，流傳至今。

佛學者或僧侶何其多，但許多人把握不到這個基本，不懂這簡單的真理。要理解這個真理，就必須將「以世間為中心」的想法，調整到立足於靈界。

在世期間的人生態度在死後會得到判定

佛教反覆倡導「諸行無常」、「世間是虛幻的世界」。

這是說：「靈界才是本來的世界，世間就好比是去海外旅遊一樣，僅是暫時的。靈魂轉生做為嬰兒出生後，開始了人生修行，會遇到各種人，也會經歷各種經驗以打造新的人生，培養新的個性，最後再返回靈界。人的靈魂就是為了做這樣的修行，才來到世間的」。

這是正確的人生觀。然而，在學校的教科書或參考書中，對此隻字未提。因此，造成許多人有「那只是陳舊的思想，是迷信」的看法。

然而，事實是嚴酷的。人死後，將依照真理價值，對其人在世間生活時的心念、想法和行為，做出正確的評判。

對此，並非僅只佛教講過，古埃及的宗教也曾有類似的教義，「是善人還是惡人，死後都將受到正義之秤的評判，紀錄其結果的是托斯神（Thoth，亞特蘭提斯的托斯）」。這些被描繪在埃及的壁畫上。

此外，古伊朗的宗教也同樣。在瑣羅亞斯德教（Zoroastrianism）教義中寫道：「前往靈界時，要走過一座審判之橋。如是惡人，那座橋的橋面會變成刀劍般窄細的利刃，此人就會掉落橋下。如是善人，就可以順利過橋」。這說明了要到達靈界，需要經過嚴格的審判。

這類教誨，散見於各處。

然而，現代知識人卻認為那些是故事或迷信，不過是為了讓人止惡行善的道德勸說罷了。但是，這種想法是錯誤的，那些都是實話。

複雜的學說未必是真實，單純的才是真理，請各位要相信「那些單純的教誨即是真理」。

二、死後不久，肉體的影響尚暫留於靈體記憶中

不可只執著於世間生命

近來，與器官移植相關的問題，成了社會上討論的話題。

若以唯物思想的觀點來看，「移植器官可救很多人，從已死亡的人身上取出器官，移植到另一個人身上，有何不妥？」這種想法很容易理解，也能瞭解其中存有愛心，但我不得不指出，這是一種完全不理解靈性實相的想法。

然而，世上知道甚麼是「人真正的死亡」之人了了無幾，所以，在這依靠多數表決做決定的世界中，難以依據靈性實相去做事。

正因為人們不知死後的世界，所以能讓人專心在世間努力做世間之事。如果所有的人都能輕易地認識死後世界，導致對靈界過度嚮往也不太好，所以不讓人們看到死後的世界，也有一定的道理。

然而，人們不可過於執著世間生命。人生於世間，應做力所能及之事，持符合佛神之

心的生活態度，至少在自己的人生中獲得覺悟，這就足夠了。

在這層意義上，「知足」很重要。

在這世間，除了「生」、「老」、「病」、「死」四苦之外，尚有「怨憎會苦」（與怨憎之人相遇）、「愛別離苦」（與相愛之人別離）、「求不得苦」（欲求之物不能得）和「五陰盛苦」（五官煩惱如火燃）。世間之人很難從四苦八苦當中解脫出來。

要想脫離苦海，極為重要的是持有靈性人生觀，從實相世界的觀點重新看待世間。

仔細閱讀佛教教義就可以發現，雖有「世間是一個痛苦的世界」的說教，但最終還是要透過各種形式告誡人們要「斷執著」。

如果僅認為這是道德之說，其意義也就到此為止。然而，這實際上是從世間到靈界，前往異次元時不可或缺的真理實踐。

宇宙火箭在衝出大氣層前，需要卸掉各種裝備，與此相同，要想返回高次元，就必須盡量放棄屬於世間之物，必須捨棄世間性的執著。

器官移植須已知曉靈性真相為前提

如果器官的提供者能夠沒有執著之心，做為施愛的舉動，以純粹的心將器官捐給他人，或許並不屬於惡事。

然而，實際上絕大部分的人，在死後無法立刻察覺到自己已死，沒有辦法很順利地前往靈界，在短期間內，會陷入一種不知所措的混亂狀態。

即便此人在生前曾說過要將器官捐給他人，但並非說明此人對自己的器官沒有執著之心。絕大多數人因為對肉體的執著意識，當器官被移植到他人身上時，靈性的部分也會同時附身在他人肉體上。

對於接受器官移植的人來說，在得到器官的同時，肉體也被另一個靈魂附身了。有許多案例是器官移植後，病人的人格也跟著轉變了。對此，須先瞭解靈性真相為好。

器官移植常發生「排斥現象」，也有許多「性格變了」的例子，其原因在於此人的肉體被器官提供者的靈魂附身占據了，而且這個附身靈很難趕走。這個靈魂會堅持認為「這個器官屬於我的」，由於其主張具有一定的正當性，所以很難輕易就被趕走。

靈魂與肉體之間，有一條「靈子線」一對一相連接。接受器官移植的人，由於這個器官與他人的靈魂上有連接，所以會表現出雙重人格。

如果提供器官的人，是個天使一般的善人的話，其結果還算好，但從靈性的角度來看，許多情形未必都能從善人那裡得到器官。例如：把黑幫械鬥遭槍擊而腦死之人的心臟移植過來的話，結果真是不堪想像，恐怕此人日後的人格會有相當程度的變化。

在這層意思上，惡人的器官還是不要的好，因為一旦接受移植，對方的邪惡人格就會跑到自己身上。

靈魂，即使沒有器官移植，也照樣可以附身到世人身上，更何況有器官移植做為媒介，附身就更容易了。特別是那種有「要繼續活在世間」強烈執念的靈魂，一旦有了移植之方便，就會附身到別人身上，因為意識和器官在別人身上，故賴著不走。

如果不知靈性真相，貿然做器官移植的許諾，便是一件很恐怖的事。如有意願提供或接受器官，須已充分知曉靈性真相為前提。

某作家和某演員死後的靈魂樣態

各位須知，人死後，未必立刻就能得到肉體與靈魂已完全分離的感覺。

基督教的錯誤就在於此。基督教立足於笛卡爾（Rene Descartes）所倡導的「靈肉二元論」，認為靈魂與肉體完全不同，彼此沒有關係。

然而，事實並非如此。就這一點而言，佛教對此較為詳盡，從表面意識到最深層意識之間，存在著多層精神構造，表層則與肉體意識互通。由於靈體有如此構造，所以受到肉體的影響也相當大。

雖然人死後，偶爾有些靈魂能很順利返回靈界的上層世界，但一般來講，並非那麼簡單。就算生前熟知靈界，初次體驗進入靈界時，終究會感到害怕。

以前，有位作家ＫＴ先生死亡後，我曾與他的靈對話過。

他生前已經學過關於死後世界的事，擁有這方面的知識。但對於他來說，由於火災死亡事故來得太突然，死後他的靈常來訪問我。大概逗留有一個月之久，返回靈界似乎很不順利。

他的靈常出現在我家的浴室，或洗手間等有水的地方，因此我問過他：「你常在有水的地方出現，這是為甚麼呢？」他說因為在大火中喪生，死時口很渴，非常痛苦，因此常在有水的地方出現。現在，他已返回到靈界天使後補成員的世界去了。

另外有位演員ＮＫ先生，他往生後拜訪過我。他傳達給我的訊息是：「往後內人和小女就拜託您了，我並無其他執著了。」我回答說：「她們兩人的經濟穩定，沒問題，請放心吧！」不久後，他的靈就返回靈界去了。

某眾議員過世後，其靈隔天早上來道別

在二〇〇四年，前眾議員也是幸福科學信眾的ＭＨ先生往生了。

他在夜裡過世，凌晨四點過後，我感覺身體不適而醒來，當時覺得有些不尋常。那時我並不知道他已過世，因此不知其因。至早上六點四十分，我才知道是「ＭＨ先生的靈來向我道別」。

雖然我並沒有和生前的他面談過，但依他死後來道別來看，可見他具有信仰心，他的靈是想來向我傳達訊息的。

他是沉默寡言的人，通常靈會主動說話，但他卻不發一語，因此我並沒有察覺到他的來訪。

後來，我便理解到身體的不適，是他過世時的狀態。雖然他是在醫院過世的，但我感受到了他臨死的狀態。

人在死後一到兩天，靈魂也會保留死亡過程時的身體狀態。

因此，即使靈子線已斷，其靈魂來到我這裡，也會在我身上顯現出其人死時的症狀感受。

這並非我身體有了異樣，而是附在我身上之人的症狀感受。他人的靈體進入我的身體，此人的症狀就會同樣在我的身體上表現出來，因此我能知道此人是在怎樣的狀態下死亡的。

人擁有安寧地前往靈界的權利

在二〇〇三年夏天，我親生父親善川三朗（幸福科學名譽顧問）過世，其歸天儀式（幸福科學式葬禮）我全程都在場。

在準備歸天儀式的時候，名譽顧問的靈提出了許多要求，讓我感到相當困擾。他會對列席儀式人作挑選，或對花飾、棺木等細節說好說壞，因為要求很多，所以讓大家辛苦了。

當時，我有冰涼的感覺，因此覺得很奇怪。亡者下地獄的話，常會讓人覺得寒冷，但名譽顧問不可能下地獄去，因此讓我覺得很奇怪。

後來，聽人說起才知道，由於是夏天，所以棺木裡添加了乾冰。當靈子線還與肉體連結著的狀態下，乾冰的冰涼感覺自然會傳達給靈魂，這個冰涼的感覺也傳到我這裡來了。

再譬如：死亡前曾打點滴，那打點滴的感覺會傳給靈魂。因此，死後不久，靈魂會保持與肉體相同的感受。

人在剛過世時，肉體和靈體仍然是重疊的狀態。在這樣的狀態下，被取出器官、移植到他人體內的往生者，要想返回靈界，無疑會受到阻礙。

剛過世的人，內心沒有餘地去接受這個事實。死後能直接返回靈界尚好，但一般人沒有如此覺悟，因此在舉行葬禮期間，過世之人的靈魂還會在守靈和告別儀式的現場、火葬場流連忘返，一直聆聽親屬們的交談等。

雖然常言說死者的靈在死後四十九天之內，還會在世間逗留，但實際上，靈很少會逗留四十九天，大約兩個禮拜就會前往靈界。在此之前，大多數情形是靈魂在注意聽家人的交談，並不會立刻前往靈界去。

儘管有人在生前深知靈界知識，但死後絲毫不猶豫地直返靈界的情況實為罕見。畢竟會擔心「今後家屬們會怎樣？」等，因此會注意聽他們的交談。

每當我看到這樣的情形時，總想勸解他們不要做此無謂的事，要相信靈界是真實的世界。雖然已經沒有世人的權利了，但靈魂擁有安寧地返回靈界的權利。

「幸福科學式葬禮」，重要在於說法

剛過世的人，對於自己無法跟世人說話，對方聽不到自己的聲音，會焦急、不甘心和感到遺憾。

因此，有些靈人知道我能和靈人對話，便前來希望我傳達訊息。

然而，因為我的周圍有結界，一般靈人沒辦法進入，通常會被結界攔截彈出去，但偶爾會有靈力較大的靈，會突破結界進入。

即便是我的親戚，過世以後也無法到我這裡來，過了一、兩年之後，我才知道某個親戚已經過世了。後來，那位親戚的靈告訴我，完全看不到我的身影，不知道我在哪裡。我的周遭有保護膜一般的結界，因此靈無法看到我。

一般而言，靈是無法訪問我的，但如KT先生和MH先生那樣比較有力的靈人，偶爾會突破我周圍的結界。

前面我曾提到，MH先生靈曾和我談過話，我看他似乎要表示謝意，他說：「很感激幸福科學的支持」。

此外，還說了「日本的未來就拜託您了」等，他身為政治家，還說了各方面的建議。他說：「往後三十年左右，日本動態會是朝著大川先生的發言發展，因此萬事拜託了」。

總歸來說，他想傳達的主要內容就是要表達謝意，以及「雖然我希望我的葬禮能在『幸福科學』的精舍，以『幸福科學』的儀式來舉行，但一定會有很多政治家和媒體記者來參加葬禮，將造成不便，不得已只好在寺廟舉行了。因此，我希望能以先生的法話取代葬禮儀式」。

因此，我講述了有關靈界的法話，以做為幸福科學式的葬禮。

靈性現象對我而言就是如此真實。我身邊的人都對靈性現象有真實的感受。隨著與我的距離疏遠，人們對靈性現象逐漸變得不太瞭解了。絕大多數的人，只能透過文字閱讀或影音資料來學習，能獲得的感受著實有限。

但現實是，世間存在於肉眼看不到的世界之中，有許多事物皆與靈界產生連動，世間生活實際上是短暫的。

我自己也常覺得自己從事的真是很奇妙的工作，現今，無論是在日本還是在其他地方，應該沒有一個人能對靈界講得如此明晰。雖然世上有很多靈能者，但我認為除了我以外，沒有其他人能對靈界如此明確地把握和判定。

從這個意義來說，我的工作責任重大。

我明確地知曉所有世界，不論是世間還是靈界。我深知「依據佛神的眼該如何判定」，因此，我在具有判定何為理想之資格下，有責任解明世界的奧祕。

這也是我最大的長處，我願將之發揮、拯救世人。

三、如何供養祖先的靈魂

須以此人能夠理解的方式傳達教誨

供養祖先之事有其嚴峻的一面；一個不相信有靈界存在的人，死後其靈魂將陷入苦境，不知該何去何從。所以當子孫做祖先供養時，祖先之靈便會來到子孫那裡。

假設，祖先之靈正在血池地獄或孤獨地獄中苦苦掙扎，而世間的子孫在佛壇前做供養的話，這位祖先之靈就會感到有一條救命繩由上方垂降下來，於是抓著繩子往上爬，從地獄爬到子孫的身邊。

此時，如果子孫有法力，能夠供養祖先使其超渡，祖先便能夠得到拯救。

但如果沒有這種力量的話，常常子孫反而會被祖先拖下地獄去。

因此，我希望「要供養祖先，必須要先學習好佛法真理」。

如果死去之人對靈界的知識一點都沒有的話，即使此人聽了我的說法，也只知這與自己波長不合，對法話的內容無法立刻理解。世間活著的人中，有聽不懂我的說法之人，在死去的人當中，當然也有這樣的人。

所以，在供養祖先的時候，子孫必須配合亡者的理解程度，將我說的一部分教義，先消化一遍，之後再以此人能夠理解的方式做傳達。

要去掃墓、撚香和供飯是可以做的，但在此時，你覺得此人生前生活態度中哪些地方有問題？不管是講出來或是念在心中，要有針對性地以此人易懂的方式，傳達所必要的真理。

提升覺悟的力量，與教團的力量相連結

如果在供養祖先之際，感覺身體沉重、狀況變差和精神不濟，那就表示你的力量尚且不足。如遇到這種情形，我建議可以到「幸福科學」的精舍等地參加供養。畢竟光靠個人的力量，很難簡單地戰勝地獄靈。

死亡，對於人來說是一件大事，而對於不知真理的人而言，死後的世界更是一大懸案。這樣的人在死後，真的會像是從一個高高的舞台突然被推落一樣，因措手不及而大為驚慌。由於是一個既沒看過也沒聽過的世界，所以難以理解。

要對這類人供養得花一點時間，沒有那麼簡單。

如果供養者自身都會因此感到異樣的話，就談不上拯救亡靈了。所以在世間活著的人，應該要盡可能繼續提升自己的覺悟力量。

最好還能夠與教團的力量相連結，否則，光靠個人單薄的力量是難以擊敗惡靈的。

供養祖先並非易事，即便要超渡一個人也是不易之事。除非當事人憶起生前辛勞，並

一一反省，拂拭了世間的污穢，否則無法踏上前往靈界的旅程。

我希望當有人過世的時候，世間的人們能夠集會幫助其人反省。

四、能夠含笑而死的生活態度

「死」是嚴肅之事，對每個人來說，死亡都會來臨，那時能夠含笑離去是值得慶幸的。

現今隨著醫學的進步，雖說能夠延長肉體生命是好事，但另一方面，在病痛折磨下死亡的人也增多了，能夠死得輕鬆一點還是比較好的。在痛苦下死亡的人，在死後的一段期間，其靈魂的樣態大多不太好。

每天開朗地面對生活，直到有一天靈子線斷開，這種離開人世的方式還是比較好的。

希望在「幸福科學」累積修行的人，都能在死後不消一週的時間裡，順利地返回天上界。不要過於眷戀世間，希望在歸天儀式後便能回到天上界去。

為此，在生前就努力心中不留執念，做好思想準備。在日常生活中反省，去除執著心是很重要的。

死後的世界

第七章　死後的世界

一、現代人對死後世界的觀念，已變得模糊

對現代人來說，本章是一個相當具刺激性的話題，一般人會對死後世界是否真的存在持疑，也屬於常識性反應，這說明了現代的常識已遠離真理了。

關於死後的世界，在學校或補習班是沒有學習機會的，所以許多人會認為靈界之類的事情，只是古人的想法。因此許多人不知真相度過一生，在結果上也引發了許多是非顛倒的混亂。關於死後的世界，無法以一本書講述詳盡，所以我想在本章中，就「人死後的生活究竟是何種樣態？」以讀者能夠理解的程度來做說明。

現代人有許多是在醫院中往生，在人生的末期常需要有醫生的照料，這也是必然的。然而，即便醫學對「人活著的時候」有所研究，但對於「人死後的靈魂何去何從」則毫無所悉。

本來，為了回答這樣的問題才有哲學這門學問。的確，早在蘇格拉底或柏拉圖的時候，人們是瞭解靈界的。然而，現在哲學卻演變為希臘語或德語的學習、歷史的學習，或

是演變為邏輯性思考的訓練，很遺憾，對真實的世界沒有學到手。

唯有宗教熟知死後的世界、靈界。

但宗教有各種派別。傳統宗教對於靈界解釋不清，現代宗教也是玉石混淆的狀態。即便正確的宗教想普及靈界真相，卻常會被一些錯誤的觀點所擾亂，反而會讓世人難以相信正確的宗教觀念。所以從這層意義上來說，讓眾多有知識、教養並活躍在社會上的人們來相信「幸福科學」，這本身就是增強世人信心的事情。

二、睡眠中靈魂遊靈界

連結著靈魂與肉體的靈子線

人的生與死之界線如何斷定呢？

在人的肉體當中，宿有一個形狀近似肉體的靈魂，但靈魂並非總是不離肉體，夜間睡眠時常會離開肉體。人在睡眠中，會做一些在天空飛行或被恐怖的東西追趕等夢；夢中將非世間異樣世界的事情，以天然色彩呈現出，大抵在如此情形下靈魂是到了靈界。

那麼，已死之人靈魂離開肉體與活著的人靈魂出竅的差別是甚麼呢？活著的靈魂出竅，其靈魂與肉體之間尚有一條「靈子線」相連結。

古人稱靈子線為繫魂帶，英文名為「Silver Cord」（銀帶）。實際上看上去是呈現銀色的線條狀，但有時在不同光線下，看上去是略有橘色色調的銀色，這條線在肉體的頭部連結著靈魂。

一般來說，人在睡眠之時，靈魂會自然出體。倘若靈魂尚在離開肉體不遠處，靈子線的粗細比各位想像的還要粗，直徑大概有四、五公分左右。仔細觀察這條線，會發現像是由四、五條或五、六條的細線搓成一條似的。

靈魂可以遠離肉體至靈界，或者是到地球大氣層外活動，此時靈子線會一直延伸，變得像蜘蛛吐的絲一樣細。很奇異，這條線完全不會斷，可以無限延伸。

很多人在睡眠中，其靈魂由靈子線連結，脫離肉體而前往靈界。或許有人會想：靈子線會不會打結？而使靈魂不能返回自己的肉體，然而，靈子線令人意外地並不會纏繞打結。即便拉到遠處、重疊纏繞一起，也能夠穿透過去，舒展開來繼續伸展。

靈子線就是如此奇異地將靈魂連結著肉體。

睡眠中前往的靈界——夢幻境

靈魂常可於睡眠中前往靈界。

我可以調整意識轉向而看到靈界的情形，但那些在睡眠狀態下前往靈界的人，大大多無知覺，閉著眼睛到處遊蕩。在靈界中有許多這樣的人，當他們遇見了令人動心之事時，也會張開眼睛看。但當他們回到世間時，這些事就會被「翻譯」成另一種形式的記憶。

在這些人當中，有部分人會在夜晚總到靈界的某一特定場所活動。他們在靈界從事著特殊的工作，並和靈界的人們有所來往。然而，起床之後幾乎都會忘記這些事。

有一些人起床後，還能記得在夢境中遇見了親人。如果在連續幾個月中，在夢境當中遇見了已過世的父母親或祖父母、兄弟姐妹……等特定的人，那就表示那的確是在靈界相會。

此外，在世間有某種特定嗜好的人，有時到了靈界也會和擁有相同嗜好的人一起交流。在靈界當中，也有人為享受某種嗜好而活。譬如：有人有下棋的嗜好，而生前有此嗜好的人，回到靈界之後也會繼續其嗜好。世人的靈魂在睡眠中脫離肉體者，有時會來到靈界與這樣的人一同下棋。

然而，在早上醒來後，和靈人下棋的這檔事會被忘得一乾二淨，反而有時在世間下棋時，會突然有如接到靈感一般想起新的棋法。所以說，睡覺中也會有和靈界的人們一同研究某種事物，即便人還活在世間，但仍可透過這種方式前往靈界。

一般把睡眠中前往的靈界，稱做為「夢幻境」。在睡眠時，靈魂無法前往深層的靈界，一般來說都會在四次元幽界入口附近徘徊。如果心境惡劣的人，其精神上有壓迫感的話，偶爾也會前往地獄界。但雖說是地獄界，也並非是到了底層，而是在較淺層的地方徘徊。

靈魂在睡眠中，常去此類可以容易返回世間的地方。

靈界沒有世間性的時間與空間

這種靈魂脫離肉體前往靈界，即是醫學上所稱「快速動眼期」（REM Sleep）。醫學認為人的睡眠以一個半小時為一週期，期間有一段為快速動眼期，此時人是在做夢，眼球會不停地動。其實，人在這期間常常是去了靈界。

人做夢常常僅是十幾二十分鐘左右而已，所以大部分的情形是：即便靈魂脫離了肉體，實際上不到半小時就會返回肉體。

我常說，靈界當中沒有世間性的時間與空間，即便是世間時鐘的十分鐘短暫片刻，在靈界也可經歷各種事物，猶如過了好幾天，遇見了許多人，累積了許多經驗，就會覺得旅行了好久。但如果以世間時間去計算的話，常常僅是過了十分鐘而已，所以，靈界的時間是無法以世間性的時間去衡量的。

由於在靈界當中並沒有時間的概念，所以在和靈人談話時，不得不透過世間性的事物來確認時間的長短。在靈界，根據工作與其內容、經驗來感受時間的長短，即便感覺有相當久的時間，但如果以世間的時間來看，也有可能只是兩三天的時間而已。所以靈界與世間對於時間的感覺有著極大的差異。

人就是在如此有生之年，時常透過夢境前往靈界，預習著往生後如何返回靈界，所以每天大約需要八個小時的睡眠時間。如果不趁有生之年練習的話，死亡時就會難以順利地返回靈界。雖然是在沒有自覺的情況下進行的，但靈魂透過如此方式，練習著如何脫離肉體。

三、不相信靈界真實存在的人，死後其心靈會怎樣？

有些人活在世上時，是頑固的唯物主義者，他們堅信靈界絕不是真實的存在，不信有靈魂存在，也不信佛神存在，並認為宗教都是在騙人，世間物質之外再無其他存在，死後一切結束，沒有靈魂，也沒有心靈感受。這樣的人死後，其靈魂會是怎樣的狀況呢？

人都有靈魂，肉體死後靈魂在脫離了肉體後會前往靈界。但是，否定靈界存在的人，卻不理解自己正處於靈界，其靈體在靈界會變得像蠟像人偶一般，幾乎是處於沉睡狀態。

世上有某些人想在一個世紀後復活，將身體冷凍起來，與此很類似，這類人就如同蠶結繭一般，一直處於沉睡的無意識狀態，幾十年都仍維持著當時死亡的樣子。

徹底唯物論者的靈魂，處於一個「無意識界」中，像是沉睡的蠶一般，維持著無意識的狀態，完全停止活動。這種不信死後也有靈魂生命的人，如同繭中的蠶一般，屈在一個大洞窟中沉睡，無法動彈。因為他們認為靈界絕不存在，死後一切結束，所以沒有辦法開啟意識，他們依這種心境結繭自縛，想不出要活動的念頭。但是在這幾十年到百年之中，他們會一點點地改變，彷彿開始從沉睡中醒來，對自己的認識持疑問，開始覺得有一點不對勁。再過一段時間後，有時自己想要走出洞窟外，又有時靈界的人也來關心。

雖然會花一些時間，但靈界的人會慢慢地引導他們，讓他們逐漸累積靈界的經驗。在靈界也有學校，進行重新教育，他們必須打破這唯物論，打破認為唯有物質存在的思想，並從頭接受教育。

四、在天上界及地獄界皆有進行靈界教育的學校

靈界的學校，既有地獄界的學校，也有天上界的學校。讓剛從世間返回到靈界不久的人實施靈界教育，是一件非常重要的事，其中有很大的需求。

天使後備軍的人們在淺層地獄界教育具備某種程度的人們，他們雖然有錯誤的想法，

但只要接受徹底的教育後，總算可以回到天上界。

天使後備軍的人會在學校當中教導他人，有些人雖然回到了靈界，但因生前不相信靈界存在，所以暫且在地獄界。若不以足夠的耐心去教育，他們還是不懂，所以必須要一個一個做多方面的教導。

如上，必須首先培養他們達到返回天上界的標準。

此外，即便在世間時嘴上說自己沒信仰，也不相信宗教，有很多人卻有信仰的本能。

雖然日本某報紙的問卷調查中，直接詢問人們是否有宗教信仰，僅有百分二、三十的人回答有宗教信仰，並能說出某宗教的名字；但是，若說其他人全無信仰，倒也未必。

這些人在盂蘭盆節時，還會到過世祖父母的靈前上香，並且報告子孫的近況。此外，在春節時也還是會到寺廟、神社去拜拜。

雖然是下意識去做這些事，但還是相信有靈界。由於在學校、宗教團體並沒有學習過，此類知識未必很充足，但在感情的層面上，還是多多少少相信有靈界及靈魂的存在。

這些人死後並非一下子就到了地獄，而是暫時前往屬於天上界的四次元、幽界上層，到精靈界附近去了。那裡也有學校，由天使後備軍授課。

對於靈界的人來說，雖然感覺上是上了一、兩年的課，但依世間的時間來看，並非過了那麼久，有時僅僅過了一個禮拜、十幾天，或者是一兩個月的時間而已。對他們來說，感覺上了三年的國中課程，但經常實際上只過了四十九天而已。

他們在靈界的學校接受教育，並理解靈界的法則之後，就會被親人等的人士引領帶走，前往各自的修行場所。

所以說，在精靈界與地獄界中各有學校，通常死亡之後，先會暫時到這些教育機構。

五、在地獄界的強烈體驗

墮入地獄深處的人會變得如何？

能夠進入靈界學校的人，在某種程度上，其身為人的想法及生活方式還說得過去。但是那種直接就墜入地獄深處的人，其為人程度早已不是接受學校教育所能改變的了。這類人必須等到自己醒悟為止，要先去地獄界累積各種經驗。對這些人已沒有辦法將他們集中在學校施予教育，必須讓他們自己感覺到厭惡，察覺到自己做錯了為止，徹底經歷地獄界的經驗。

這是根據每個人的心態有各種各樣的地獄界，從其人心靈傾向來看，將前往念頭最為強烈顯現的世界去。這是個集聚同一習性者的世界，在此會感受到非常強烈的體驗。

除非自己想洗心革面，否則無法挽救

譬如有一個人殺了人後也不悔過，死後墜入了地獄，此人前去的世界是殺人者聚集的世界。在這種地獄當中，有著比自己還要殘暴的人，反過來就必須得經歷不少次自身被人殺害的經驗。遇到比自己弱小的人能夠殺對方，但遇到比自己還要強的人，只能被殺。

藉由經歷上述的經驗，直到此人自己醒悟到：「殺人是多麼令人害怕厭惡的事啊！」每天都會讓此人徹底地經歷互相砍殺的經驗。

雖說是互相砍殺，但實際上彼此沒有肉體，所以還說不上是真正的殺。然而沒有肉體，仍舊會經歷苦痛，他們還繼續具備著感受苦痛的靈性神經。

在生前時常殺人、傷人，或者常被殺、被傷的人，都彼此有使對方痛苦的經驗。在生前沒有這種經驗的人回到了靈界後，就不瞭解疼痛的感覺了，但在生前曾傷過人、殺過人，就會感受到類似的疼痛。

在地獄界殺了人，對方也流了血，正心想：「死了活該！」對方又突然活了過來；或者是自己被人殺了，正心想：「我被人殺死了！」自己又活了過來。如此一來一往互相殺來殺去，一直無止盡的循環下去。最終他們會漸漸開始厭煩，覺得不想再這樣下去了。

即便殺了對方，對方又活過來，接下來又換自己被殺。一直反覆此類的行為，一定會覺得很厭惡，於是就會想起在生前也是過著這種生活，發現到自己是持著恐怖、憎恨、破壞之心活過來的，而覺得這種生活心態真是要不得。

此時的心境即是走向菩提心、靈性醒悟的第一步。除非此人想洗心革面，否則就無法脫離地獄界。當開始想脫離之時，就會有人來幫助，就在適當的時機，和此人有緣之人就會從天上界降臨。

然而，地獄界是非常凶惡的世界，想要去那邊拯救靈人不是件簡單的事。就好比在世間也是一樣，想要潛入幫派組織裡，將人救出來也絕非易事。即便是便衣警察單獨闖入，也很有可能會遭受殺害，不會輕易前去吧！要從這種世界中拯救人出來是非常困難的。

所以，當事人必須先改變心態，必須要有脫離地獄界的念頭。

隨著如此的念頭愈強烈，對地獄靈界的角度來說，力量就會稍微減弱，變成了「善人」，在暴力為主的世界中，就等於是變得柔弱。

於是，其他的人就會認為：「甚麼嘛！以前那麼強悍的傢伙，現在變得這麼軟腳。」

進而此人就會被殺得半死，但雖然如此仍須忍耐下去。當大家都覺得此人不堪一擊，沒甚麼好玩的時候，就會將此人忽視在一旁。如果沒有達到這種情形，就很難加以拯救了。

六、世間與靈界緊密連動

在靈界仍持續作戰的伊拉克士兵

戰爭會導致大量的人死亡，由於這些人尚沒有心理準備，所以會暫時來到阿鼻叫喚地獄、或阿修羅界般爭鬥的地獄。

譬如十幾年前，曾發生以美軍為首的多國籍軍隊，與伊拉克軍隊之間的波斯灣戰爭。因為伊拉克占領了科威特，其他國家無法袖手旁觀，所以就團結起來攻擊了伊拉克。

據稱在這場戰爭中，伊拉克軍隊死了十幾萬的士兵。在短期間內死了那麼多人，那邊就會出現地獄界。有可能會出現類似阿修羅界，或者像阿鼻叫喚地獄般的深層地獄。

在短時間戰死的伊拉克士兵，他們當然還會想要在世間繼續戰鬥下去。

阿拉的教義稱：為阿拉戰死之人，會立刻回到天國的最高世界，並且周遭盡是美女、美酒和美食等。但他們既沒看到美女，也沒吃到好酒好肉，所以不覺得自己已經死了，而繼續在暗霧當中持續戰鬥著。

另一方面，美軍共計大約有一百五十名士兵戰死，這數量還構不成地獄。這些人一個一個被接引到靈界，所以在美國沒有形成地獄。戰死的伊拉克士兵到了靈界，怎麼樣也找不到敵對的美軍，戰友倒是一堆，但就是沒有美軍的下落。

當時是沙漠地面戰，伊拉克使用的是舊式蘇聯戰車，美軍則是最先銳的戰車。雖然兩者之間的戰力被評估為旗鼓相當，可是一開戰，伊拉克的舊式蘇聯戰車不堪一擊，美軍獲得了絕對性的勝利，伊拉克的戰車部隊幾乎全軍覆沒，美軍則毫髮無傷。

在那場戰役中，美軍使用了穿甲彈。這種砲彈能夠穿透伊拉克戰車的裝甲，只需一枚，就能癱瘓整輛戰車。而伊拉克戰車的砲彈，即便打到了美軍戰車，也只是反彈回來而已，戰車外部雖有損傷，但內部則毫無毀損。

此外，只要敵軍的戰車移動，舊式蘇聯戰車就必須手動遙控準心來瞄準，但美軍的新型戰車，只要敵軍一移動，砲塔就會自動追蹤。

在這種情形下，伊拉克的戰車部隊當然會全軍覆沒。

近代兵器對古代人的靈魂無效

各位或許認為，只有人的靈體會在死後前往靈界，但事實卻不盡然，物體的靈體也會前去靈界。在世間具有一定的形體或機能之物，在世間消滅後，亦會出現在靈界。

伊拉克的戰車部隊在地上被消滅的同時，這些戰車又會出現在阿修羅界，伊拉克士兵也在其中；在靈界，戰車仍舊會動。然而，阿修羅界中沒有美軍的戰車，所以他們找不到敵軍，但是，在阿修羅界中有古代的軍隊，所以伊拉克的軍隊有時會遇到古代的軍隊，此時就會發生有趣的狀況。

伊拉克士兵會在戰車內發射砲彈，在他們心中砲彈是存在的，所以砲彈就出現了。以這種武器與弓箭時代的古代人打仗的話，會發生甚麼情形呢？

伊拉克戰車的砲彈落在古代人的身旁，然而應該要爆炸的卻沒爆炸。他們會感到奇怪，於是又再發射一枚砲彈，但就算一直發射，卻依舊沒有爆炸。

這是因為古代人不認識戰車或砲彈，所以不曉得伊拉克士兵在做甚麼。他們只是覺得納悶，怎麼有個像箱子的東西跑來跑去，然後圓圓的東西又飛了過來，他們不知道眼前為何物，所以不覺得害怕。在靈界當中，如被不認識的武器攻擊，是不會造成傷害的。

因此，在靈界如要和古代人打仗，還是丟石頭來得好。要是丟石頭，或使用弓箭、木槍的話，他們是一目瞭然；但如果是用戰車發射砲彈的話，他們可是甚麼都感覺不到，根本不曉得發生了甚麼事。

即便是看到了飛機飛過來，只會覺得有一隻大鳥飛過，砲彈落在了身邊，只會覺得好像大鳥拉了一坨糞便而已。所以，砲彈掉了下來也不會爆炸，根本不會造成任何傷害。

近代武器在靈界當中，對古代人根本行不通，只能用肉搏戰以對；不是用手毆打，就是用刀刃，只有這種方法可用，這種方法古代人就懂了。他們曾經歷過這類戰法，所以知道被打了之後就會出血疼痛，但他們沒辦法理解那種未曾經歷過的兵器。

如果伊拉克士兵運氣好，在靈界遇到了第一次世界大戰或第二次世界大戰戰死的德軍等等，因為對方也知道戰車的威力，所以彼此就會以砲彈互相攻擊。伊軍用現代的蘇聯戰車發射砲彈，德軍則是用舊式德製戰車來發射，於是彼此都驚恐不已，互相一邊尖叫，一邊發射砲彈。

所以，如果雙方都能認識彼此的兵器，就會有殺傷力，但如果不認識，就不會有任何效果出現。現在世間的兵器，地獄界當中幾乎都看得到，但對於不認識這些兵器的人來說，是一點效果都沒有。

現代人因為認識原子彈，在現代人的身旁落下原子彈後，現代人知道其威力，所以會遭受到傷害。但古代人可是一點也感覺不到，因為不認識原子彈的威力，所以完全不受影響。

在地獄界中，既會出現戰車，也會出現各種武器。對於那些認識機關槍為何物的人來說，一定會感到害怕，但對於不認識的人，可是一點也不覺得有甚麼。

這就是靈魂世界的樣貌。

被拆毀的世間建築物，會出現於靈界

在靈界當中，也會出現世間的建築物等等。世間幾十年的建築物被拆毀後，有時會以原來的樣子出現在靈界。

拿美術館來做比喻，當時蓋這座美術館的人，以何種心境去打造，以何種態度去營運，或者是展示於美術館當中的藝術作品，是天國性質的，還是地獄性質的……等等，這些條件的總和，便造就了這座美術館的靈性波動。

如果是非常天國性的美術館，當它老舊之後，被重新打造為新的建築物時，原本老舊的建築物，就會完整地出現於波長相當的天國次元中，並且和這美術館波長類似的人們，就會進出於其中。

在原本美術館所展示的畫作，如果是天國性質的畫作，就會原封不動地出現於天國的美術館，這幅畫作的幽體部分會清楚的呈現。

然而，在原本美術館的展示物當中，如果不巧出現了地獄性作品的話，那麼這些作品就不會出現在天國美術館當中了。

另一方面，經營美術館的人，如果心地不良，美術館的作品也盡是些波動不是很好的東西時，當這美術館被拆毀之後，它有時就會出現於地獄界中。

到了這種美術館，可以看到世間的畫作都呈現扭曲狀，並且有許多充滿了醜惡、恐怖的作品。但是對於生前很喜歡欣賞地獄性畫作的人來說，不會感覺那是多奇怪的作品，反而覺得很合自己的胃口。

即便是在世間被稱作是名畫的作品當中，在靈性上也是各有差異，這些畫作到了靈界，會各自出現在適合其波動的地方。

我曾經在法國參觀過全是展示梵谷（Vincent van Gogh）作品的美術館，我到現在還記得當時頭昏昏的感覺。如果僅是看一幅畫還好，但如果全是梵谷作品的畫作，就感覺到進入了某個異常的世界，覺得非常暈眩。梵谷的作品當中，的確有某種異常性。

也有許多人喜歡孟克（Edvard Munch）的畫，但那幅名為「吶喊」的作品中所表現的恐怖感覺，怎麼看都覺得很接近地獄界的波動。

即便是被世人稱為名畫，但這些畫到了靈界就各有去處了。當然，那和當時畫這幅的人的動機，以及觀賞者的感受也有相關。

圖書館也是相同道理，當世間的圖書館被拆掉之後，在靈界當中，也會出現幽體之姿的圖書館。

如果館藏的書籍以天國性的書籍為多，並且營運者的心也善良的話，這座圖書館就會出現在天國，在天國的人們也會在那裡學習。圖書館會為了在天國做研究的人而開啟。

此外，在世間出版的新書，幾乎都會來到靈界，並且會出現在適合此書的圖書館中。

當然也有去地獄界的書。在地獄界的圖書館當中，有一大堆邪惡的書。例如：殺人手冊、自殺手冊等等，全都是不可能在天國出現的地獄性波動的書。出版甚麼書是各自的自由，但地獄性的書籍、邪惡指南的書籍，全都會集中在地獄界的圖書館中。

我之前提到過，殺人犯會集中於地獄界的話題，在這些人當中也有頭腦很好的。在世間頭腦很好的人當中，有些人會去天國，有些人則會去地獄。頭腦好的犯罪者，會在靈界當中的地獄圖書館中學習，他們會去找更有效率的殺人方法。「原來以前有斷頭台這種東西啊！真有趣！這要怎麼製作啊？」他們盡是想著這類事情，進而著手製作新型的斷頭台。

在地獄的圖書館中，擺放著許多研究如何殺人的書籍；知性派的惡人，就會到這個地方學習，增進「知性」，讓自己變得更加殘忍。

世間的學校有時因老舊而拆毀，這些古老的木造建築在世間消失後，其幽體就會出現在靈界當中。幾乎大部分的校舍都被使用了數十年，有許多靈人都還記得這校舍的樣子，這些校舍會在地獄界或者精靈界當中被使用。讓許多人感到懷念的校舍，之後都是如此被利用的。

在二〇〇一年，紐約的世貿雙子星大樓完全崩塌了。這種在世間完全消失的一整棟建築物，大概都會出現在靈界當中。只不過，想到當時破壞這建築物的目的、破壞的方法、崩塌後數千人悲慘的樣子，或許它就會出現在地獄界中，在那邊阿鼻叫喚地獄會因此展開。

如果過世的數千人都能得救而成佛靈，這世貿大樓或許會移動至天上界，但現在那裡仍舊是修羅之地。在地獄界仍可看到，過世的人們依舊在大火之中來回逃難，要不就是從窗外跳下等景象。除非這些人都得到拯救，否則這類景象仍會持續下去。

世間與靈界即是如此緊密地連動著。

此外，世間所發明的東西，如得到靈界的靈人認同，一樣也會出現在靈界，譬如：電車即出現在靈界當中。在世間有許多人每天利用電車通勤、通學，如果在靈界沒有電車的話，靈界會覺得很不方便。於是，某些靈人覺得有必要使用電車的地方，電車就會出現。在高次元世界當中不會出現電車，但以接近世間形態過活的靈人，其地即會出現電車。

在靈界的肉販不需要進貨

生活於靠近人間的靈人，他們仍舊想要過類似世間的生活，所以仍有著吃東西的習慣。只不過他們僅是感覺到自己吃了，但實際上是沒有東西進入體內。他們會感覺到吃，是有吃，但食物到身體裡像是雪融掉了一樣，沒有進到胃裡，他們僅是想要體會進食的感覺而已。

在靈界也有商店，因在世間經營商店的人，到了靈界後還想從事和世間相同的工作，所以在低次元靈界中也有肉販、魚販、菜販等等。他們會從事著和世間相同的工作。

只不過和世間的不同點在於：即便有人想要吃肉，向肉販買了肉回家吃，但一回頭看，肉販的攤子上還是擺著一模一樣的肉。肉攤的肉還是會回來，所以根本不需要進貨。

此外，肉販賣肉之後會有現金入帳，但因為沒有實體，所以他們僅是感受到有拿到了現金。買肉的靈人在付了錢，把肉帶回家料理食用後，仍會覺得：「真奇怪，怎麼肚子還是空空的？」但其實那塊肉又回到了原來的地方，肉攤上還掛著肉。

青菜也是如此，買回家的青菜，全部又回到原來的地方。這類的事情會不斷的重複。

所以說，許多靈人的認識能力僅此程度而已。

七、依據念力可創造與變形

在靈界學校的「創造訓練」

從距離世間較近的靈界再往上一點的話，住在那裡的靈人知道「只要發出念力就能使許多東西顯現出來」，他們用意念做各種創造。

在這裡他們時常進行創造的訓練。譬如：他們會舉行「如何利用念力，讓一朵鬱金香出現在眼前」等等的學習會。

在靈界的學校當中，老師為了證明「靈界是意念的世界，心裡所想之物就會出現於眼前」的道理，他會集合學生，告訴他們「現在開始我要做示範，請注意看」，說完之後，轉瞬間一朵紅鬱金香就出現在面前。學生看了之後，就各自練習，有一些是變出了歪七扭八的花朵，有些則是枯萎的，有些則是古怪顏色的等等各種各樣的花朵。

這種念力的訓練頗為困難，如果不清楚地描繪想要顯現出甚麼東西的話，是很難如願的。

一開始會從小東西開始訓練，漸漸地就會開始訓練如何變出一隻小狗等體型的東西出來。老師只要集中念力，不久之後一隻小狗就會出現。那就像一隻活蹦亂跳的小狗，搖著尾巴到處舔來舔去，活生生地像寵物狗一般的姿態。學生看到老師能夠使出如魔法一般的能力，就會對老師佩服不已。

如果學生只是單憑一個人的力量的話，很難像老師那樣隨心所欲，總是會變出一些奇形怪狀的動物出來。

於是，學生們會發現到，如果是十個人左右一起齊心協力發出念力的話，眼前就會出現鴿子、狗、貓……等等的動物。

這種由多數人的意念所創造出來的東西，會持續存在於靈界一段時間。這些原本不存在的東西，經由意念的集中，就會再度以各種各樣的靈質（靈性物質）、幽體等等的組合顯現於靈界。

藉由念力所創造的狗、貓的靈體等等，在一段期間內，真的是像活著的一般。如果人們把牠忘記了，就會消失不見，但在此之前真是活生生的，甚至還能當成寵物。

在靈界的生物當中，有些是世間的生物死了之後來到了靈界，更有許多的生物是在靈界被創造出來的。

妖怪也會在地獄界中被創造

就如同能夠創造動物一般，在靈界的地獄界當中，也能創造出醜陋的妖怪。轉生於世間的人死後到了地獄之後，有可能會變成妖怪，那是一種靈性的實體，但也有另外一種情形。世間的邪惡想念和地獄界的邪惡想念結合在一起之後，具有某種型態的妖怪、巨大的怪物等等就會出現，進而到處作惡。

地獄的殺人世界中，這類巨大的怪物就會出現。時常能在這樣的世界當中，看到一些吃人的妖怪等等。

在妖怪當中有些是具有生命的，但在靈界當中的很多妖怪是被創造出來的。這些被創造出來的妖怪，只要去除了其邪惡的想念，其姿態就會立刻地轉變。這些妖怪是藉由邪惡想念所創造的。

地獄當中也有邪惡的動物，當地獄靈沒有辦法將牠們網羅過來的時候，此時地獄靈就會自己創造妖怪出來。

用念力把手下變成狗

一個人的念力如果非常高強，甚至可以把地獄的人類變成動物。如果是擁有很多手下的首領，就可以辦得到。

舉例來說，首領聚集了眾多手下要到別的村落攻擊、掠奪、搶劫的時候，當他們把幾十個當地人捉來當奴隸，關到村裡的小屋去，就必須有人看守這些俘虜。

看守別人，要達到讓對手害怕的最大效果，最好是有凶暴的惡犬。事實上，普通的狗是不會那麼凶惡的，大多數的狗是不會到地獄去的。

因此，首領會觀察自己手下的相貌，尋找看起來很像動物的人，「這個人，還有這個人，他們應該還不錯」，首領一面想著一面就用念力把這些手下變成惡犬。

當然，被選中的人並不喜歡這個工作，但首領對他們說道：「你是負責看守的人。如果沒有狗的外形，對方是不會怕你的。如果以惡犬的外形對他們狂吠，他們就不敢逃出去了。」因此，手下儘管心不甘情不願，結果沒辦法，只好以狗的形態來看門。

像這樣，靈界是「心念」的世界，所以可以用強大的念力讓事物變形。使用念力，可以創造出滿嘴獠牙的凶暴惡犬，撕咬想要逃亡的人。

靈界，是可以發生這種事情的世界，而在地獄的世界，念頭可以實現。於是當念頭和念頭相衝突的時候，強者會獲勝，弱者則屈服於對手的念頭。

此外，在地獄裡發生戰爭時，並沒有足夠的馬匹。由於馬並不會犯下滔天大罪，很少馬匹會到地獄，所以在地獄很難見到馬。因此，許多人類會被變成馬，而被其他人騎著打仗。

因此在地獄，許多事物會被變形創造成其他事物，這樣的情況是屢見不鮮的。如果接受到強烈的念力波，無生物和樹木的精靈也有可能變成其他東西。

儘管這是非常不可思議的世界，但只要知道靈界「不過是心念的世界」就能夠理解了，強烈想念著的東西會變成實體而顯現，衷心祈願的話就會顯現。

被破壞的東西可重複再現

靈界是物以類聚的世界。

靈界裡有的人想要吃東西，但再怎麼吃都無法滿足。殺人犯殺人也不會得到滿足，就算把對手千刀萬剮，對手還是會復活；自己被殺也可以死而復生。即使把頭砍斷，不久後頭部又會復原；再怎麼樣都不會滿足。

我曾經提到在靈界會出現世間的建築物，但就像殺人犯一再殺人一樣，有些人會去破壞這些建築物。不過，當這些破壞者離開之後，被搗毀的房子又會恢復原來的樣子。無論被破壞多少次，建築物還是會恢復原狀。當破壞者有破壞的念頭時，建築物就會被破壞；但當破壞念頭遠離後，建築物就會立刻恢復原狀。

就像這樣，在靈界被破壞的東西是可以一再恢復原狀的。這個意思就是說，靈界是沒有終點的永恆世界，只要念頭持續下去，事物就會存在。我們應該這樣思考比較好。

在靈界，有在世間和靈界之間轉生的人，也有像是自然靈般一直只存在於靈界，不曾到過世間的人，但也有很多人是兩者皆非，而是由靈人創造出來的。

如果大多數的人認為「有必要存在」的人物，就會在靈界顯現。這是許多人的特定念頭的象徵。

傳說中的龍，雖然在世間已經不存在，但在靈界還是有龍存在。

在天上界，有的龍是以守護寺廟佛堂等地的龍神姿態出現。姑且不論這到底是不是真正的龍，但這絕對不是像前面提到「被變成惡犬的人」那樣，而是「寺廟佛堂的守護神變身為龍的姿態，達到嚇阻守護的作用」。

如果天上界有龍的存在，當然地獄界也有無惡不作的毒龍。匯集信仰能量的地方，諸如此類的變化身也常常出現。

八、附身地上界人類的地獄靈

靈界才是實相，世間世界是虛幻

靈界雖然像是夢中世界一般，但是那裡才是實相。我們必須知道：「靈界才是實際的世界，而世間是虛幻，是夢境般的世界」。理解這一點是非常重要的事。如果能瞭解這一點，就可以成為靈界的靈人。

靈界雖然有如夢境，但卻不是夢境，而是永恆持續的世界。世間儘管看起來是具有實體的，其實卻是逐漸崩解的世界，是無法永恆持續的世界。覺悟到這一點，是非常重要的事。因此，佛教所說的「斷執著」是非常重要的教誨。

諸君可能認為世間是實際存在的吧，世間的一切都是實際存有的，只有世間，別無他物。但是，我們必須改變這個想法，把它改成完全相反的想法。

世間的事物是不能持續的，相對於此，靈界的事物是可以持續的。而且靈界的事物是可以任意變幻的，它是「變幻自在的世界，卻是可以持續的」。靈界真的是不可思議的世界。

在地獄靈的眼中，垃圾被視為寶石

在靈界，對於事物的觀點是相當與眾不同的。

舉例來說，在世間很多人執著於寶石、金銀財寶、豪華的服飾，認為它們是值錢的物品。這樣的人回到靈界時，如果沒有去除這樣的執著的話，當然還是會追求同樣的東西。

在地獄界，一個人如果闖入有錢人家把鑽戒、項鍊、金飾等等全部偷走，偷兒會認為：「太好了！有這麼多寶石到手。」然後把鑽戒套在手上、戴上項鍊、穿上金光閃閃的衣服，對著鏡中的自己說：「啊！真是美極了！」

然而，雖然本人認為這些是寶石，但是在天上界靈人的眼中看來，只覺得他們把炭石套在指間，把垃圾般的東西往身上配掛。「那個人身上掛滿垃圾，到底是在做甚麼呢？」天上界的靈人視為垃圾的東西，在地獄世界的人們眼中，卻認為是珍寶，這真是不可思議的事。

地獄的人們不曾見過天上界的光輝，也沒見過天上界美好的寶石。就算他們見到了，卻因為太耀眼而無法直視。對地獄界的人而言，垃圾般的東西卻視為寶石，打算把它們配戴在身上。當然，天上界也有寶石和金銀財寶，但是其中不同之處在於人們的動機與目的。

地獄的人們做了這樣愚昧的事情，但是在覺察到其虛偽之前，他們會一直持續這麼做。

此外，男女的問題也是地上界的一種執著。到了靈界，如果不先暫時把男女之情忘記的話，就無法在天上界修行。因此，很多天上界的入口，其修行場是男女有別的。

最初修行時，男性、女性是分開的，由指導者分別對他們授課，教導關於靈界的知識，並將靈魂純粹化。在他們尚未斷除屬於世間的、對異性的執著之前，必須對他們進行一些教育。

一段期間之後，男女可以同住、也可以互相往來，但是在屬於世間的部分消失之前，必須分別對男女進行教育。

在地獄界，男女之間仍會發生關係，但是正如前面提到的「想殺人卻殺不成」一樣的道理，由於沒有肉體存在，當然也沒有辦法滿足世間的慾望。

就像這樣，想殺人卻殺不成，想擁抱異性卻也抱不到，這是因為已經成了幽靈，就無法互相擁抱。

完全被靈附身後，使得本人靈魂無法支配肉體

由於墮落到地獄界的靈，其破壞性想念，在沒有肉體的情況下不能成為實際行動，那

些較「資深」的地獄靈就會傳授「訣竅」，教他們到世間附身在活人身上，這樣就可以占據被附身者的肉體感覺。

靈界的食物是沒辦法填滿肚子的，但如果到了世間的美食街等地，就可以在那些喜好飲酒美食的人中，挑選適合自己附身的人。被附身的人有與地獄靈近似的心態，附身其人的肉體上，便能在被附身者享受美酒佳餚時，自己也感到滿足。

僅靈體本身，無法體會肉體感覺，但是附身活人肉體後，就可以感覺到酒和食物的舌感滋味。地獄靈會感到一時的滿足：「啊！這種感覺難以忘懷！」

此時，被附身的活人又會怎樣呢？

活在世間的人，如果完全被靈附身侵入的話，其靈魂雖然還有靈子線連接著肉體，但會被附身靈擠出肉體，本人的靈魂被排擠出肉體後，會無奈地在肉體外徘徊。

附身靈進入活人肉體之後，鳩占鵲巢囂張得很。由於地獄靈是齜牙咧嘴、頭角崢嶸、眼露凶光的嘴臉，所以會把本人的靈魂嚇跑。地獄靈便趁虛而入，吃喝玩樂，做一些本身生前不曾如願的醜陋行為。

地獄靈一旦附身在世間人的身上，雖然是暫時侵入肉體，但也可感受到類似轉生的感覺。其實地獄靈不能轉生到世間，只能藉由附身體會轉生世間、獲得新的肉體感覺。

當被附身者恢復了正氣時，地獄靈就無法繼續附身了。

當某個人酗酒失去理性、或做惡多端之時，惡靈就有機會附身入侵了。不過，惡靈並不會逗留太久，終究不得不離開寄身之軀。

然而，某人如果每天都被惡靈附身的話，就會逐漸變成完全被附身的狀態，惡靈一直賴著不走，本人的靈魂也就幾乎無法支配自己的肉體。

在刑事案件的罪犯中，有許多人完全不記得自己曾經犯下罪行，會說：「當時我並沒有意識，那並非出於我的意願。在不知不覺中犯下了罪行，但我完全沒有記憶。」這確實真有其事。

其實這罪犯當時靈魂脫離了肉體，而肉體被其他惡靈占據了。在肉體被附身期間，便會無法控制地殺人、搶劫和偷竊等無惡不作。事後，當附身惡靈離開，本人的靈魂便能重回肉體。

當本人的意識清醒過來時，已身在法庭，不知自己做了甚麼事。當法官說：「你犯下了如此罪行」時，本人卻只能回答：「我並不記得自己做過這樣的事。」儘管在明確的證人和證詞下，本人還是說：「我完全不知道這回事，我是無辜的。」

其實，當事人被惡靈附身，因而犯下了罪行，惡靈滿足了犯罪行為之後，便逃之夭夭了。

當附身的惡靈離開了本人的肉體後，就算本人被處以極刑坐上了電椅，已與惡靈無關了，所以被附身者覺得蒙受了冤屈難以承受。

屢屢做惡的靈會墮落地獄的最底層

如果地獄靈附身世間人的肉體，並屢屢作惡的話，那麼這個靈在地獄將罪上加罪。雖然是從資深的地獄靈那裡學來的附身方法，但若導致世間之人死亡、毀滅、害人債台高築等，自己就會罪上加罪，往更深層的地獄墮落。

藉由附身，繼續附身到世間行惡，其結果就是更加墮落入地獄的最深層。在靈界的地獄中，愈能成為頭目，惡行的規模就愈大，隨之也墮落得愈深。

如此屢屢行惡，地獄靈就會跌落到地獄的最底層。

在地獄的最底層，並沒有很多惡靈，那裡是地獄最黑暗處，是似泥沼、潮濕、伸手不見五指的漆黑世界。最後，惡靈就會被孤獨地隔離在最底層。

九、決定前往靈界去向的「偏差值」

地獄界亦有重力作用

在地獄界，類似世間的重力和引力也似乎在發生著作用。因為地獄靈沒有具備在靈界應有的悟性，所以在思考方式上尚與世間相似。地獄靈幾乎都認為「只有世間」，唯物論者占絕大多數。

不相信有靈界存在的人，沒有信仰心的人，原則上都會到地獄去。雖然地獄也有信仰錯誤宗教的人、狂熱信仰的人，但以人數來說，還是不相信靈界存在的人比較多。

不信有靈界存在，而堅信唯有世間法則在運轉，這種世界觀的形成，可以說是來自地獄性的重力作用。

我曾經說過：「天上界的人可以在天空自由飛翔。」天國確實有人展開羽翼，在空中自由自在地飛翔。

依我靈視，地獄界的靈人不會在空中自由地飛，都是在地面上行走。

在地獄界要想往下墮落是自由的，墜落時是以倒栽蔥的姿勢，從懸崖或山頂掉向洞穴深淵。這是地獄的自由。

地獄靈往下墮落的時候，沒有像跳傘時那樣「能夠自由地在空中飛翔」的感覺。

如此，地獄靈猶如身處重力之中，愈是地獄的深層，黑暗密度就愈高，重壓感就愈大，因此地獄靈無法飛起來。

地獄中也有鳥類，這些惡鳥在地獄也能飛。此外，長著蝙蝠般翅膀的惡魔也可以飛。如果變成了靈力高強的惡魔，是可以飛起來的。

而一般的地獄靈則是腳踏地面，走在佈滿碎石的路上時，也會摔倒，翻落掉下山等，與世間沒有甚麼不同。

地獄靈不能自由地飛，是因為覺悟的程度還不足以理解靈界的法則。所以，地獄中重力在發生著作用，而天國沒有重力作用，是可以在空中飛翔、自由自在移動的世界。

為何有地獄？

自古以來，人類就有這樣的疑問：「為何有地獄？佛神為何任其存在呢？」若從地獄的角度或從接近地獄的人的角度來看，會產生這樣的疑問。

以下舉例來說明：如果說靈界整體是共有五十層樓的高樓大廈的話，地獄界只是大樓的地底部分而已；地底大概只有五層樓左右，而地上則有五十層樓。

靈界的構造大體上是這樣的，從靈界全體來看，天上界的部分占了絕對多數，為了達到平衡，允許有少許的「地底」部分存在。

要說為何需要這個地底部分，其實那裡是意味著「不及格」的地方。這就是說，作為佛神之子轉生於世間修行，之後返回靈界，並非每個人都能獲得滿分及格的。靈界並不是一個自由到可以無視一切的地方，畢竟還有失敗、不能獲得認可和不及格的地方。而這個地方就是地獄。

「要從地獄升上天國，身為佛子、神子，必須達到的最底線是甚麼？正確的生活方式是怎樣的？」這個部分還是存在的。

雖然有了地獄的存在，出現了一定的相對性，但可以因此達到磨練的效果。地獄是使人產生反省的心、可以學到「這樣做是錯誤的」的地方。

要升上天上界，必須秉持信仰

天國也有階段層次，這就像升學成績參考的「偏差值」一樣，天國的「偏差值」，以同心圓每五分左右的點數向外展開。天國的「偏差值」代表甚麼呢？在世間，「偏差值」能表示出學生的學力有多高，在靈界則代表每個人的信仰程度。靈界完全是以信仰的「偏差值」展現的多次元世界。

靈界有四次元、五次元、六次元等等許多次元世界，每一個次元世界，大體上都分為三個階層，每個階層內還可繼續劃分出更細的層面，這是根據信仰之基準劃分出來的。

地獄界基本上是不具有信仰心的人的世界，地獄靈不信神也不信佛，有些人生前雖然以有宗教心偽裝自己，其實是沒有信仰的偽善者。有些人雖然每個禮拜天都到教堂去，其實完全沒有信仰，只是去做做表面功夫而已，這樣的人有落入地獄的危險。

地獄裡也有寺院和教堂，有著錯誤思想的牧師、神父或僧侶，在地獄界比較淺層的地方，設置宗教場所進行傳教活動。他們雖然在說教，但其內容是錯誤的。偽善者們會聚集在那裡聽他們說教，誤認為在過著信仰生活，無法從錯誤的思想中擺脫。

當人在信仰上出現了錯誤、沒有信仰心，或堅信唯物主義思想的話，就會墮落地獄去。要想升上天上界，就必須秉持正確的信仰。所謂信仰，就是相信佛神之心。人是靈性存在，靈界才是真實的世界，世間只是虛幻的世界。如果不相信這些基本的價值觀，就無法進入天國。不具備這信仰的原型，就無法升上天國。

天國中也存在著信仰的不同水平層次。

首先，「相信」是至關重要的；其次，信仰與行動、實踐、實務必須要一體化。不可以只相信就好了，有何作為？是否與信仰一致？這些多是天上界對你評斷的基準，如果及格的分數較高，就可以逐漸往上層世界提升。

高次元世界中，「愛」與「真理」同義

隨著向高次元世界提升，「愛和慈悲」之光越強，為世為人捨己奉獻的人就越多了。

在高次元世界，對於「愛」這個詞，已不是「我愛你」的那種愛了，而是當作與「真理」幾乎同義的語言來使用的。

愛即是真理。如果覺悟到了佛神統治靈界的法則，就必須予以遵守，否則將無法生存。當認識了靈界的法則之後，就只有遵守。

如此，越是高次元靈界，愛與真理就越是同義。這如同騎腳踏車不保持平衡就無法行進般，在靈界如果不遵守真理法則就無法生存。而遵守真理法則生存，與愛的實踐、慈悲的實踐是相同的事情。

那麼，地獄界的人是怎樣的呢？他們只會為自己著想。雖然只想利己，卻過著對自己最不利的生存方式。他們只會讓自己苦惱，因而無法從地獄界脫身。

只考慮自己的人會下地獄，為他人著想的人會上天國。這看似是很不可思議的事，其實其中產生著一種反作用的力量。

若要從地獄脫身，其實不需要別的，只要改變自己的心即可。只要改變自己的心態和想法，就可以脫離地獄。

因此，「幸福科學」倡導：「從奪愛轉向施愛」、「應建立信仰」、「要關愛他人」、「須相信有靈界存在」等，這些都是務必認識的真理。

死後上天國或下地獄，與世間的地位無關

世間有社會地位、收入和學歷等許多衡量人的標準，然而，人會上天國還是下地獄，都與這些標準無關，因為靈界價值觀與世間價值觀不同。

古時候有這樣的地獄觀：「地獄的惡鬼追逐死者，把死者捉來吃，或是把死者丟進油灶煎熬，丟入火坑焚燒」。

用現代的話來說，如外科醫師、護士、檢察官、法官和媒體業者等，若生前是行惡的人，就會成為地獄的惡鬼。當然，善人為多數。

古時候，惡鬼會拿鐵棒把人的頭部砸爛；現在，在地獄的醫院裡，齜牙咧嘴的外科醫

師在口罩背後獰笑，用手術刀凌虐「患者」，地獄裡有這樣的壞醫師。而在地獄被殺的人會死而復生，然後再度被殺，劇情不斷地重複上演。

地獄裡也有護士；這些是生前並無愛心而從事護理工作的人，到了地獄後會與惡醫師一起綁架、監禁患者，凌遲患者至死。

如果生前是壞檢察官的人，他們在地獄裡會把虐待死者作為樂趣。生前是壞警察的人，在地獄亦會變成惡鬼。

俗話說：「靈界有閻羅王。」靈界確實有穿著黑色法衣的法官，天國、地獄都有法官。他們喜歡判決別人的對錯，對照著良心，如果在生前所做出的裁決，幾乎都是錯誤的話，那麼此人就會下地獄。此人到了地獄之後，又會判決其他死者要「五馬分屍」等，有人會如此行惡。

與世間的地位無關，靈界分為兩極端，這和一個人在這個世界偉大與否是無關的。

地獄裡有醫師，天上界也有醫師。

同樣是外科醫師，天國的外科醫師，會為從地獄界上來的靈人，摘除掉靈體不好的部分。「因為此人心的部分壞掉了，使幽體的某個部位扭曲變形，必須把這個部位切除。」

天國的醫師這樣說，並為這個靈人進行手術。

此外，天國的護士也在為地獄上來的靈人們，努力進行復健治療。

天國的法官，會根據其人擁有的正確人生觀，判定出他應該去的地方。

媒體界的人，如果生前依據良心，心懷「打擊罪惡、改善世界」的想法從事媒體工作，死後會回到天上界，並透過天上界的電視台和報刊等，報導「天上界新聞」。

在地獄界比較淺層的地方，也有做媒體工作的人和發行「地獄日報」，內容是「有關最近被遣送到地獄者的消息」之類的報導。

尤其是每當世間知名人士到了地獄時，地獄日報便會刊登斗大的標題：「某公司董事長來到地獄，大家好好去修理他吧！」等。而那個人後來的下場如何，也會有連續的報導。例如：「某董事遭人圍攻，被五馬分屍」、「被施以火刑」、「又墜入到了下一層地獄了」等等。

新聞工作者在天國有，在地獄也有。

十、培養成為天使的心

在靈界，不管是動機或行為，全部都要受到評定。

人會把在世間的行為習慣帶到靈界去；生前如果是不瞭解自己內心的人，死後其靈魂就會遇到很多麻煩。

因此希望這樣的人活在世間時，盡早接觸「幸福科學」講述的真理，建立靈性人生觀為好。

對於這樣的人，如果在其死後才教導他們真理，將是非常困難的事。不管他們是墮落到地獄去還是到哪裡，多是在靈界某個地方，活動範圍極小。這是因為他們沒有到過其他場所的經驗，對其他世界無法認識。

對於那些唯物論者，必須趕快道破其錯誤的價值觀，教導他們甚麼是真理。

此外，也必須拯救那些具有錯誤思想的人。

對於這類人，盡可能在他們還活在世間的期間，讓他們做好進入天上界的準備。為此，我們必須倡導大家要培育一顆成為天使的心。

不可思議的靈界

第八章　不可思議的靈界

一、靈與魂的不同

「魂」的世間痕跡很濃厚

無論是靈還是魂，都同樣屬於靈性的存在；從廣義上來說，魂是被包覆在靈之中。雖然魂也是靈性屬性，但仍殘留著在世間生活時的痕跡，這就是所謂的「魂」。

它在回到靈界後，也還以生前的姿態顯現，思考方式也與生前一樣。亦即，回到靈界後，仍保持世間的活動形態和人類個性的話，即稱之為魂。

「靈」超越了人的姿形和性質

所謂「靈」，在很多場合可超越人的姿形和性質。

在靈界的靈人，未必以和人類一樣的姿形做修行。

當然，在四次元、五次元靈界，很多靈人大多還是以類似自己生前的形態生活；而從六次元以上的靈界，靈人的生活方式就會逐漸發生變化了。這是因為，在六次元的魂，已經有了靈性的覺悟。在六次元靈界的靈人開始清楚的知道：「自己的真實姿態，並不是『只有一個頭、兩隻手、兩隻腳』的樣子」。他們會開始認識到實相並非如此。

我在《太陽之法》一書中，曾對六次元做了這樣的描述：「對於真理知識掌握多少？即是區別彼此的衡量標準」。在六次元靈界，靈人已具有關於佛的知識，以及佛創造世界的知識，並且他們理解：「有手有腳，有身高體重的姿態，這並非真正的自己」。

抹去肉體意識的訓練

在六次元靈界，有很多指導老師，為了抹去人們肉體意識，進行各式各樣的實踐訓練。這些都是在高級指導靈的指導下所進行的。

譬如：在指導那些學習魂的多樣性的人們時，老師會將他們聚集在類似體育館那樣的地方，然後一個個點名提問：「你生前是怎樣的人呢？」要大家都做出回答。

之後靈的指導老師還會繼續問道：「既然如此，你可根據你對真理的閱讀和聽講中，發現自己具有哪些可能性嗎？」當回答說：「我知道」時，靈的指導老師就會接著對此人說：「那麼，我們開始來做個實驗，你來試試把自己變成不同的形狀」。

靈人們雖然身上有穿著衣服，有趣的是，他們並不太清楚自己穿的是甚麼？只覺得好像是穿著衣服的。他們的修行就從這裡開始。

例如：靈的指導老師會說：「首先，把你穿的衣服變成另一個樣式。你現在穿的是藍色的衣服，我要訓練你把衣服變成白色的。」

有些靈人會立刻回答說：「我辦不到！」但靈的指導老師會說：「不，你辦得到。認真地集中心念『把藍色衣服變成白色』，就一定可以辦得到。」

受訓的靈人非常驚訝，心想：「啊！我可以做這種事啊！我自己有這樣的能力嗎？」

靈的指導老師會這麼說：「你雖然認為自己是具有雙手雙腳的存在，但請試試把自己變成其他的形態。甚麼樣的形態都可以，請你把心中所想的特定形態、形象說出來看看」。

於是靈人描述了在心中所想的形態。靈的指導老師聽了後便說：「你一定可以變成那個樣子，請你認真地集中心念。」

假如，靈人在心裡描繪是個身高五公尺的相撲選手，只要拚命集中心念的話，就會變成那個樣子。這會令靈人非常驚訝。

在這樣的訓練中，靈人就會逐漸瞭解到「如果不抹去肉體意識，就無法擁有更高次元的靈意識」。靈人在能夠自由自在地變化之後，就逐步成為靈性意識體了。

靈是具有知性的能量體

八次元如來界的靈，可以「一即多、多即一」的形式同時展現出各式各樣的形態。即同一個靈可以在許多場所同時現身，以不同的姿態從事不同的工作。這是如來可以做到的。

在這次元的下層階段，則如上述所說，需要接受「變化自己姿形」的訓練。當具有了這種能力後，下一步即是分魂、以多個靈組織、靈形態顯現。

靈之所以為靈，正因為靈原本就是無形無姿的一股能量，是能夠思考、有知性的能量。

隨著對這個本質的認知，靈性也會隨之增強。如果要繼續登向更高一層次元，就需要比靈性存在更高的能量體，與其說是靈體，莫如說是真正的能量體。這時就不再是由體內發出想念的靈人，而是作為能量體在有必要的作用下，呈現各式各樣的形態。

有時，這個能量以無形來呈現。譬如：以勇氣、正義的意志之光，或以智力、知性等來表現。這些都不是人類的形態，是作為意志呈現出來的一種力量，如此，能量可呈現為無形的力量。因此，對這樣的能量體稱之為「靈」就不太貼切了，而是更高層次的存在，亦即人靈的原本樣貌。

所以說，對「靈性存在」做學習和認識，即是在世間與靈界之間反覆輪迴轉生，在靈界各次元升降的理由。

二、輪迴轉生的系統構成與人生計畫

如何訂立人生計畫會因靈而異

某個宗教團體認為：「人類，不論任何人都可以自己訂立人生的計畫，而轉生投胎到世間。」因此，某宗教教團的信徒一旦人生過得不順利時，就會這樣想：「自己的計畫是不是哪裡出錯了呢？守護靈、指導靈在做甚麼呢？」

然而，所謂「計畫」，其實是根據每個人自覺程度的不同，而有相當大的差別。

如果是位於高次元世界的靈，則會針對未來轉生的環境、雙親和職業等等，訂立非常詳細的計畫。

但是，有些靈在轉生的時候，連雙親也沒仔細去挑選。在四次元世界的靈，即使已經到了世間，但有些還分不清楚自己的肉體是否還活著？到底是肉體人還是靈魂？這樣的人，當轉生的時間一到，會不知不覺地進入睡眠般的狀態，被將成為雙親的人的波長所牽引，在不清楚自己將投生何處的狀態下，轉生到了世間。

五次元世界的靈人則比較清醒，可以在轉生前明確地挑選自己的雙親。六次元的靈人，更能夠進一步地決定自己轉生後的職業。

根據靈意識層次不同，訂立轉生的人生計畫也就相當的不同，會根據個人的狀態而定。

靈界中有調整人生計畫的機關

在靈界也有從事農業工作的靈人，因為有些人喜歡這樣的工作，所以靈界也有田地。例如：有的人在靈界種植蕃茄，覺得「蕃茄長出來了，太好了！」在這些人之中，也有人在靈界待了很久，已經忘記了世間的存在。

然而，在靈界有專門管理轉生的公職人員，當他們查閱資料時，會發現「這個人有好一陣子沒到世間去了」。於是，通知那個人來，對他說：「請你轉生到世間去學習吧！」因此，這些幾乎忘了世間的人便需要到世間去學習。另方面，有些人的意識很強，自發地感覺到「自己需要轉生到世間去學習了」。這樣的靈人需要到轉生單位去申請，申請時必須提出：希望轉生的地點、雙親等等的人生計畫書。

轉生管理者看了計畫書後便說：「這個計畫的要求條件太高了，你不能轉生到有這麼好的雙親家庭，必須往下降一等，轉生到你的第二志願」。他們會給予申請者類似的意見。

任何人都希望出生在最理想的環境，但這樣是不行的。由於「無法達到修行的目的」，所以必須進行調整。管理者會說：「關於你過去的資料，我們這裡皆掌握得很清楚，為了要修正你自己的心靈習性，你認為到這個環境真的對你合適嗎？」

經過這樣的討論，當決定了轉生的環境之後，就可以到世間去了。在結果上雖然多少和自己的希望有一些距離。但在此人和其他人討論，聽取了專家的意見，並且意見一致之後，便算達成協議。

如此，有人是自己提出「想轉生到世間」申請書的，但也有人像前面所提的想種蕃茄的人那樣，從來不曾提出申請。這樣的人，轉生機關就會把他們叫來，告知他們應該轉生到世間去修行。

現代社會文明已達到了一定的進步，所以有很多靈人都想要到世間來。現在有很多靈人在申請。因此，轉生機關忙得不可開交。

古時候，狩獵時代和農業時代持續了很長一段時間，在那樣的時代，不論轉生多少次，修行的材料並不那麼充足。不過在現代如此便利的時代，修行學習的材料非常豐富，為了讓靈魂進行修行，很多人都在向轉生機關提出申請。

跳進「轉生之池」的人

到轉生管理機關去提出申請，在某方面來說，這是瞭解現代社會的人才知道的一種方法。如果一個人的意識比較古老，甚至不知道有這種管理機關的存在。在靈界，到現在還有人穿著古代宮廷的禮服。要讓這樣的人轉生，必須稍微下點工夫。如果不用相應的方法，就行不通。

室町時代（西元1333年～1573年）末期的一位女性小櫻姬，在她的靈言中提到「轉生之池」。對於日本一些屬於神道系統的靈人來說，「轉生森林」、「轉生之池」是容易理解的地方。想要轉生的人，會前往轉生森林，在那裡的廟宇前對著神產巢日神許願。

接著，這個人就朝轉生之池走去。在森林的終點，會出現三公尺左右的懸崖。站在懸崖往下看，可以看見一座直徑二十公尺左右的池子，池子裡會映照顯現出自己將要轉生前往的世界。此時，這個人必須鐵了心往池子裡跳，但也有些人覺得很恐怖，而往後退、打退堂鼓跑回森林。這些人接受守護靈、指導靈的開導，在他們的護送下回到轉生之池，然後就跳進池裡，轉生到人間。

小櫻姬的靈言中如此說明：「跳進轉生之池的時候，因為過於震驚而膽怯，結果忘了前世的記憶。」

為甚麼在轉生森林會有懸崖，是為了要測試想轉世的人是否真有轉生的決心。所謂「轉生到世間」，是非常嚴格的修行，說不定死後會墜入地獄去，這並不是一件容易的事。因此，為了測試其人的勇氣，必須讓他們從懸崖躍入池子裡。

就這樣，在靈界對於仍在昔日意識中生活的靈人，會準備一些他們能夠接受的轉生結構，並讓他們轉生去。

另一方面，在現代化的靈界裡，靈人如果想要轉生到世間，就必須到轉生管理機關，確實提出申請，並在申請書上寫下自己想要轉生的第一志願到第三志願。

由於在靈界也有形形色色的地方，所以有關轉生的結構會以各種方法來配合該世界。於是有些情形是轉生管理機關把怠於到人間修行的人找出來，亦有情形是靈人自願要轉生。

三、肉體器官捐贈者的魂的狀態

在靈子線被切斷前，魂會感受到疼痛和灼熱

有人問，人在死後，在捐贈肉體器官被取出心臟、肝臟的時候，或者在火葬場被焚化時，靈魂會感受到疼痛或灼熱嗎？回答是在靈子線被切斷前，魂會感受到疼痛和灼熱。

魂和肉體之間，是由一條位於後頭部、名為「靈子線」的靈性線所連繫起來的。不管是魂在睡眠期間離開肉體，或者因為意外而喪失意識，只要靈子線還連繫著魂和肉體，就並不是真正死亡，因此魂是可以回到肉體的。

以靈界的觀點來說，一旦切斷了連繫魂和肉體的靈子線，就是死亡。這就是別於醫學上的死亡，即不是指腦死或心跳停止，而是以宗教、靈性的觀點來看的真正的死亡。

靈子線切斷，直到魂完全離開肉體，在呼吸停止後通常需要二十四小時左右。雖然時間上因人而異有快慢的差異，但平均起來大約是二十四小時。

因此，剛剛去世的人如果立刻送去火葬場焚化，由於靈子線還沒有斷線，被焚化的死者會覺得非常痛苦。

有時，當肉體被焚化時，魂會驚慌失措。正因為如此，人死亡時需要守夜，隔天才把死者送到火葬場去。太早就把死者焚化的話，由於魂還沒有離開肉體，所以會感覺很痛苦。

所以不可以立刻焚化剛去世的人，「死後先守靈一天」才是正確的習慣。

昔日的多數習俗是不焚化屍體，將死者土葬。這是因為以前的人知道「人死後如果立即焚化，魂會感覺痛苦和灼熱」。然而，現在為了預防傳染病和其他衛生方面的問題，所以一般是不採土葬的。

此外，如果在靈子線切斷之前就取出器官的話，原則上魂會感覺疼痛。生前完全不相信有另一個世界、否定靈界、以為「死了一切就結束了」的人，在死後進行器官移植，被醫師掏心掏肺的時候，會陷入極端的迷惑。這是醫院裡真實發生的案例，明明以為是「死了一切就結束了」，卻沒有結束，死者會覺得非常的恐慌，這會妨礙死者順利往生。這其實用想像的就應該能夠理解，以為「死了一切就結束了」的人，如果在死後還沒有離開肉體的時候，內臟就被摘取下來的話，會有怎樣的感覺呢？我們大致可以想像得知，是相當恐怖的感覺。由於他們完全沒有具備關於死後世界的知識，因而對「接下來會如何？能否適應死後的世界？」一無所知。

而且，魂在器官中有器官意識，因此進行器官移植，移植的器官意識就會想回到原來的魂那裡去，有時會引起排斥反應。所以有些接受器官移植的人，並不能活得很久便死去。

理解靈性真相並懷著感謝之心

然而，並不是說絕對不行做器官移植。

如果能充分理解了先前所提及關於靈的事實，並且知道「人類是靈性的存在。魂在離開肉體之前，摘除器官多少會感到痛苦，但是如果能幫助別人活得更長久的話，卻是非常值得的事。」能持如此心念之人，和其他人是大不相同的。

當然，即便是這樣的人，若在死後立刻被取出器官，魂還是會覺得疼痛。然而，如果對此真相有所理解的話，在某種程度上，是可以忍受那種痛苦的。

此外，有時守護天使會前來安慰：「你做了很了不起的事，你的肉體生命雖然結束了，但是魂還是完整的，儘管現在看起來好像受傷了，但很快就會恢復原狀的」。

另一方面，接受器官移植的人，則須懷著感謝之心。捐贈者是做了相當大的犧牲而捐出器官，接受器官的人應該要滿懷感謝。如果不感謝捐贈者，而只是認為接受了一項「物品」，事情就會變得很嚴重，受贈者可能不久之後就會死亡。

在完全無知的情況下進行器官移植，會非常危險。時常發生自己的器官被取出來，因驚愕不已而無法回到天國的例子。

器官捐贈者如果已充分瞭解靈性真相，而接受器官捐贈的人本身也懷著感恩之心，在如此協調的情況下所進行的器官移植，就會成為愛的行為，這也是抑止排斥反應的方法。如果能充分理解這個道理後，再進行器官移植就算及格了。

我認為，這一點真的必須向外科醫師說明才行。

器官若被取出來，魂有時會有所欠缺，然而，隨著對靈界的漸漸理解，魂就會恢復原狀。

魂是多重的結構

雖然很不可思議，但魂一旦離開肉體而單獨存在時，剛開始還會維持和生前一模一樣的形態。魂也有指甲，也有頭髮、眼睛、睫毛；把手按在心臟部位，會感覺仍然好好跳動著。雖然死後並不需要氧氣，但魂也還在呼吸，魂的所有機能就和生前完全一樣。

其實，魂是多重的構造。在廣義的靈體的最外層稱為「幽體」，內臟器官屬於「幽體」。這個幽體內部尚有狹義的「靈體」，在這靈體之中則是「光子體」，這個部分充滿了許多的光。魂即是如此多重的構造。

魂脫去幽體的地方，就是四次元的「幽界」。已經死去之人，通常會先回到四次元世界，在習慣靈界生活之前，會一直生活在四次元世界。如果以世間的時間來說，大約是一年到三年左右。在幽界的這段期間，此人會和比自己先往生的祖先或親朋好友碰面，學習靈界的種種事情。

在幽界除去了三次元世界的塵垢，一到三年之後，原來是五次元世界的人，就回到五次元世界，是六次元的人就回到六次元世界，以這樣的方式回到原本的世界、上層的世界，此時就會脫去幽體。而在脫去幽體的同時，器官的意識也跟著捨棄了。

被捨棄了的幽體，結果會怎麼樣呢？通常會被負責收集捨棄幽體的靈人集中起來，等到以後其他人要轉世的時候再利用。無法捨棄幽體而執著地上界的人，會以幽靈的形態出現在地上界。幽靈，由於是以幽體的狀態出現，常常出現流血的情形，這是因為他們是以非常接近肉體意識的形態出現的緣故。

我想讀者當中有人會想要在死後捐贈肉體的吧！如果能在理解靈與意識體的真相再做這個決定的話，捐贈肉體應該是件好事。

假設對死後的世界完全無知，捐贈器官就會造成魂的驚慌失措。如果到大學附設醫院等地去靈視的話，到處都可以聽到靈的叫喊聲。因此，我們必須事先知道這樣的情形，若深刻地理解了靈性真相而進行器官移植的話，就會是一種愛的行動。

四、判斷是己身個性亦或是被附身的方法

是否變成「惡靈相貌」？

可以使用一種簡單的方法，那就是「照鏡子」。看著鏡子裡自己的臉，可以知道自己

是否正被惡靈附身。「惡靈相貌」在某種程度上是可以看得出來的。

說實在的，一個人的精神生活如果很貧乏，慢慢就會顯現在臉上。久而久之，真的就會變得長角、長尾巴、青面獠牙一般的相貌。

惡念的種類很多，持有相同波長的惡靈一定存在。此時，基於「波長同通的法則」，惡靈就會來到發出此惡念之人的地方。

惡靈的波長和某人不符合的話，惡靈就不會來。例如：阿修羅靈會附身於好鬥之人，通常色情靈不會前來。如果波長不合的話，會感覺不對勁，就很難來附身。

一個人如果長久以來和附身靈「同居」，附身靈其心的傾向就會逐漸變成自己的個性，這是不爭的事實。有人長期被附身，和惡靈為伍竟長達十年以上，和惡靈為伍十年，就會分不清彼此了。

通常到了靈界後，會被要求透過鏡子或者螢幕去反省自己生前的所作所為，之後即決定將會在靈界何去何從。如果附身靈的傾向已經成為自己個性的一部分，這樣的人死後，會立刻倒栽蔥似地掉進和惡靈相同的世界。「沒有反省的餘地，沒有檢討的餘地。」完全不需經過問答，這樣的人會直接被拉進地獄裡。

附身靈如果超過了四、五個，大致上都會墮入地獄。尤其如果是惡魔、魔王或者小惡魔之類的惡靈附身之人，大概都會噗通一聲直接被拉進地獄。

如果惡靈的傾向已滲透到本人的個性之中，那麼回到靈界之後，是沒有檢討生前生活方式的餘地的。換言之，這樣的人雖然活於世間卻有如活在地獄裡，他並不是在死後才到地獄，而是生前就已經活在地獄之中了。

首先要知道真理

要怎樣才能避免這種事情呢？「知道」是一切的開始。所謂「知識就是力量」，如果沒有知識的話，真的就沒辦法了。

知識就是力量；知識，會成為「跌倒時的支柱」。此外，因為事先就有這方面的知識，跌倒的時候也就會知道處理傷勢的方法。要是完全不知道的話，只是一直抱怨「在家、在學校都沒教過，到了社會也沒人教我」，結果還是束手無策。

首先，知道佛法真理是非常重要的事，知道的話，就有開啟道路的可能性。

「捐贈佛法真理的書籍、傳道，是非常重要的事。」其原因就在於此。

不過，這麼做的話會到處惹人嫌，傳道者常會被人這麼說：「少多管閒事了！」、

「怎麼送我這麼奇怪的書？」、「別再向我強迫推銷了！」

其實這麼說的人，更是有必要知道佛法真理，雖然他們在表面上不想知道，實際上卻必須知道。我們首先要知道佛法真理，一切就從這裡開始，即使就只讀這一本書而已，也會有很大的不同。要把一本書讀完並不需要花很多時間，利用放假日大約一天就能讀完。這一天，就可以改變人生。

總之，要進行佛法真理的傳道、普及，除此之外別無他法。

對於那些接受傳道的人來說，在活著的時候就接觸到佛法，這是非常重要的事，這也是全部重點所在。要開始讓人生好轉，就要先從這裡著手，首先要認識佛法真理。

養成追求佛法真理之心

其次，必須有追求佛法真理之心，這是非常重要的事。我們必須認識到，這就是「求道心」、「菩提心」。

因此在傳道時讓別人能產生「初發心」，也就是最初的皈依之心，是很重要的。

不過做過相當多壞事的人，終究是需要「改心」的，因此就需要有足以折服他們的強烈衝擊。否則他們可能就會遭受生病、意外、破產、離婚、家族親人的死亡等等的挫折，經由這些挫折，就有讓他們覺醒的契機。通常被傳道時把別人的話當成耳邊風的人，一旦遭受這樣的挫折時，也就可以理解佛法真理的道理。

要不就是遭遇到挫折，要不就是強烈的衝擊，大多情況下會遭遇到其中的某一種。

「讓全世界的人都知道佛法真理」，是幸福科學的大前提。若是因此被人蜚短流長，也不要退怯，我們必須這麼做。我們必須提供所有人類一個覺醒的契機，這是我們的使命。

排斥贈書或傳道的人，其實是必須知道佛法真理的。對於這些人，必須有像北風般激烈的傳道，或像太陽般溫和的傳道，其毅力非常重要。傳道，盡在「忍耐」一詞中。這是因為傳播佛法真理，是相當費時的工作。

首先，從讓別人知道開始；其次，要引發別人求取佛法真理之心。先做到能讓別人「知道」、「追求佛法」，之後的工作就輕鬆了。

五、詩人的魂的靈格

一流詩人的靈格很高

擁有八次元靈格的人被稱為如來，擁有七次元靈格的人被稱為菩薩；例如：歌德是如來，海涅、拜倫則是菩薩。

日本詩人之中宮澤賢治是菩薩；中原中也、立原道造雖然還不算是菩薩，但也離菩薩不遠了。

一流詩人的靈格很高；詩人是非常靈性的，一般來說，詩人的靈格比學者要高。許多學者的魂在六次元世界，但很多一流詩人的魂則在七次元以上的世界。

常有三十歲左右英年早逝的詩人，這是因為詩人的心過於乾淨。詩人的思想不太會受到蒙蔽，也因為他們的心透明度非常高，可以接受來自天上界的靈感啟發，根據這些靈感寫作詩句。就這個意義而言，詩人之中有許多是靈能者。

學者們孜孜不倦地鑽研學問，和學者們相較之下，接受靈感而寫下優美詩句的詩人，靈格大多比較高。

歌德不僅是詩人，除了創作詩之外，他也具有創作其他文體以及政治方面等各種才能。他是一座壯闊的山脈，是一位宛如雄偉山脈般的如來。

此外，準確的來說，下列這些人雖然不知道算不算是詩人，不過莎士比亞也是如來，日本文豪夏目漱石和俳句詩人松尾芭蕉則在菩薩界。

宗教家要以詩一樣的心引導眾人

詩人的靈格很高，大概是因為能用「精簡言語震撼人心」，以靈性感化力方面來看，他們和講「法」之人有近似的部分。

這類詩人的極致就是宗教家；講法之人，大多是詩人。耶穌是詩人，莊子也是詩人。宗教家大致上都是詩人，他們具有「以優美的言語感動他人」的特徵。

就這個意義而言，可以說耶穌是最偉大的詩人。

孔子也是詩人，為甚麼《論語》可以流傳這麼久呢？乃是因為《論語》的言語具有詩一般的高尚格調，我想這就是它被一讀再讀的理由。《論語》的言語是最精緻的語言，是精緻的極致。假設《論語》的內容很好，但是如果表現形式不優美的話，也不可能流傳兩千數百年。詩具有超越時代的特性，因此可以流傳後世。

日蓮（譯註：鎌倉時代僧人，西元1222年～1282年，日本佛教日蓮宗開宗宗主）也是詩人，他以詩心引導眾人。

如果內心沒有受到震撼，人們就不會感動；不感動，人就不會採取行動，不會跟隨過來。

詩，就是可以發揮如此極致的作用。

六、科學的進步與靈魂修行的方法

地上界在發展，靈界也在發展

世間，也就是地上界的生活，與靈界的生活，兩者之間雖然有相當的差距，但確實在慢慢地接近。

人們在地上界過著和靈界類似的生活，靈界也在進步過程中，這是非常清楚明確的事。地上界的發展和靈界的發展是互為相關的，因此，地上界的發展變慢的話，靈界的發展也會變慢。

擁有地上界的生活記憶的人回到靈界的時候，靈界會被這些人的意識所牽動。因此，最近的靈界就變成了相當現代化的世界。為甚麼呢？這是因為現代人回到靈界時，擺脫了束縛，變得更加自由自在，所以心念中世間的東西就在靈界顯現出來了。

「在靈界的創造，終究會傳到世間」，這樣的事情很常見，但是「在世間發生的事情也會影響靈界」的情形也是時有所聞。由於靈人轉生到現代地上界的人數非常多，因此靈界吸收了新的事物，逐漸地有所改變。

靈界的人們，是根據當今現代人的設想範圍為基礎來思考的。現代人想不到的事情，在靈界就不會發展出來。

現代靈界也有汽車與飛機

二十世紀以後，在靈界也有汽車在路上奔馳，天空中也有飛機飛翔。

在現代社會，汽車工業是許多人賴以維生的產業。從事汽車產業的人們之中，有些人死後到了靈界，會覺得自己「其他工作都做不來，那就再從事汽車業吧！」於是這些人就在靈界製造汽車。靈界的人，還是會想從事生前的工作，因此生產汽車的人如果很多，就會形成一個汽車世界，於是他們也會以汽車代步。

靈界的某一部分是這樣的世界，不過，毫無疑問的是，這是在十九世紀以前所沒有的靈界。

此外，靈界雖然不需要飛機，實際上卻有飛機、飛行員的存在。

這種新的生活形態慢慢地從這個世界引進，於是靈界就逐漸改變了。

現代人回到靈界後，如果過著舊有的生活形態，會覺得很無聊。因此很多現代人回到靈界以後，就開始打造適合自己的世界。於是，靈界就慢慢地有了改變。

世間和靈界是相互關連的。世間持續發展的話，靈界也會形成新的世界，靈界的人們也會受到刺激。因此，世間再怎麼發展，靈界的人也不會感到困擾。

在靈界跟不上時代的人，會轉生到地上界

剛回到靈界的人，會在靈界開始製造地上界已有的東西，但是對那些在好幾百年前就作古的靈人來說，他們完全不知道這些新東西是甚麼。

在靈界，意識到地上界的人並不多，擔任地上界人們的守護靈的靈人，當然會看見地上界的模樣，但除了他們以外，大部分的靈人是不關心地上界的。回到靈界好幾百年後，地上界的事情就變成古早以前的記憶，幾乎都被拋在腦後了。有些靈人對於自己曾經生活過的地上界國家，也會質疑：「真的有那樣的國家嗎？」

剛回到靈界的人，會製造許多事物，建造許多新的城鎮，而自古以來就生活在那裡的靈人會認為：「這些人是不是瘋了？」不過剛到靈界的人卻說：「不，是你們太落伍了。」因此，彼此的想法完全沒有交集。

於是，剛到靈界的人對以前的靈人說：「不信的話，那麼，請你們轉生到地上界看看吧！」他們勸以前的靈人到地上界去看看。

此外，曾經轉生地上界，但時間卻太過久遠的靈人，由於不能理解新的事物，於是便

想：「我的頭腦太老舊了，我應該再轉生到地上界去吧！」

當然，位於六次元光明界的上層階層的靈人，他們多少都知道地上界的最新生活狀態，因此不會有這樣的問題和困擾。但是六次元的中級階層以下的人們，他們生前的生活形態對他們還是有相當的影響，由於他們還是以那個時候的意識在靈界生活，所以不清楚現在地上界的變化。

因此，轉生的周期如果不縮短的話，就會不知道最近的事情，變得跟不上時代。有些靈人聽不懂剛到靈界的人的談話內容，對他們在說甚麼完全無法理解，所以別人就會勸這些靈界的老人：「差不多也該再度轉生了。」

基於這樣的理由，最近靈界的轉生周期就縮短了，而且靈界的變化也相當大了。

我能接收到靈界各式各樣的靈人的靈示，最近，有些剛回到靈界的人，會以現代人的感覺來理解靈界的事情，而在靈示裡對我加以說明。在國內也好，國外也好，都有很優秀的人，這樣的人過世後回到靈界時，我可以跟他們對話，詢問他們：「請問你對於這件事情有何看法呢？」這是因為這些靈人可以當做「幸福科學」的支援靈。

世間和靈界是互相影響而發展的。由於世間逐漸在發展著，這件事本身絕對不會是壞事。因為這樣，「不必到地上界修行」這樣的情形就幾乎不會發生。如果真的不必再到地上界修行，那麼靈人可能會從地球轉移到別的行星，進行新的修行吧！

七、轉生輪迴與魂的進化

九次元靈被賦予了「老師」的角色

我在《太陽之法》中寫到，有相當多的靈是在地球上進化後而直接到八次元世界去的。不過，現今在地球的十位九次元靈，某種程度上是肩負指導者的使命而被創造出來的靈。

這樣的靈人，接下來會變得怎麼樣呢？其實，他們之中終將有人完成了在地球上的使命。如此一來，這些靈人會遷移到更適合自己的星球，擔任該星球的指導者。這樣反覆幾次之後，就可以進化到十次元的世界。

就像這樣，上層的靈離開之後，八次元世界的靈就上升到了九次元。靈界就是以這樣的方式進化的。

某種程度上來說，這和一般公司的組織結構是一樣的，公司的職員屆滿任期就會退休，而在地球這樣的磁場完成任務的靈，大多數的狀況下，會移居到其他星球去。因為太陽系星球為數眾多，而根據靈人所想要魂修行的不同，所到的星球也會不同。

現在地球上的十位九次元靈，其實也是從各個星球來的。

轉生之後會增加魂的經驗

若一直持續轉生的話，魂會變得怎麼樣呢？其實是因人而異的。某人的將來會變得如何，這是誰都無法保證的。

以現在這個時間點來看，隨著魂的不同，每個魂的進化階段也不同，這是不可否認的事實。

有人一直維持現狀，適度地往上升，適度地往下降，一上一下之間，幾乎維持在同樣的位置；有的人則是「任其往下降」，反正到達底線時就不會再往下降了。

然而從長遠的眼光來看，地球系靈團，以魂的集團來說，可以說是全體在進步之中的。

在地球這個磁場，人類開始在這裡進行魂修行大約已經有四億年的光景。這期間，在這個修行場，為人類說明了各式各樣的法理。學習這些法理，魂一定會學習新的東西，光就這個部分而言，終究一定會有所收穫的。

靈格除了有高低之分，也有所謂魂之器度。靈格本身即使沒有往上提升，但藉著形形色色的經驗累積，就擴展了魂之器度，魂本身的器量就變大了。轉生之後，就魂的經驗而言確實是會增加的，就這層意義上來說，魂的確是有進化的。

此外，魂在長期的轉生過程中，是慢慢地進行進化的。在這段期間，如果中途魂突然大幅進化，那個人就會前往適合自己的靈界去。

集體遷徙到其他行星的靈人們

現在地球上的人口有六十幾億，而靈界有四百五十億人左右。在靈界眾多人口中，部分的人會到地球來。大約千年以後，靈人會集體從地球遷移到其他行星去，因為這些人在地球修行得差不多了，到其他行星去還有不同的事情值得學習。就像這樣，靈人也有集體的遷徙行動。

與此同時，現在也有許多魂從其他行星移居到地球來，他們除了到三次元擁有肉體的世界，也以靈的集團形態來到了地球。於是，有相當多的魂是在地上界獲得新的肉體，而第一次成為地球人。

近來有好幾個國家的人口激增，我不指名是哪些國家，有的離日本很近，有的距離較遠。這一類國家的人口之中，有很多是第一次到地球進行魂修行的魂，他們在體會做為地球人的感覺。

從宏觀角度來看魂的移居、遷徙，是有助於完成魂的進化計畫的。

不過，這是以集團而言的情況，若以個人而言，每個人努力的程度不同，各種心境也有不同的改變。

有人暫時會轉生為狗或貓

人類的魂寄居在人類的肉體，這是基本原則。不過也有部分例外，有時人類的魂也會棲身動物的肉體。

地獄有很多種，其中有一個地獄是「動物界」，又名「畜牲道」；在這裡的人外形姿態變得和動物完全一樣。

芥川龍之介在小說《杜子春》中，就描繪了那個世界的居民之樣貌。小說中的主角杜子春，他的雙親淪入畜牲道，成為人面馬身的樣子。

然而，其實有為數眾多的人不只身體變成動物，臉孔也跟著變了。

墜入了那樣的世界，在那裡逗留了幾百年的人，會逐漸忘了自己本來是人類，心境上也變成和動物一樣，自己也打算成為動物。由於這會讓人覺得很苦，他們想要被人供養，所以有時候也會在神社佛堂中出現。

在淪落畜牲道的人之中，也有魂在經年累月之後，怨恨或不甘之情慢慢被淨化，某種程度上來說，也可以開始進行魂的總結算。

在這些人之中，也有人幾乎失去了做為人類的尊嚴，而他們之中有一部分會棲身在人類飼養的家畜身上，進行為期一、兩年的魂修行。不過，由於這些人的內心之中還保有身為人類的意識，因此能夠體會到「人類寄居在動物肉體」這種非常奇妙的經驗。

舉例來說，有很多狗非常善解人意，有些貓狗感覺很像人類，這些動物就是被人類的魂寄居了。

為甚麼會有這樣的事情呢？這是為了體驗魂以人類之姿誕生，是多麼重要的事。一旦有了變成動物的親身體驗，接著又變回人類之身，這時候才能深刻感受到「以人類之姿態被生下來，是非常值得慶幸的事」。

有些向來就是身為人類的人，並不瞭解身為人類是值得感謝的事，這樣的人如果偶爾經歷一、兩年「棲身於動物肉體」的體驗，就能夠理解「能書寫、能說話、能自由行動」是多麼喜悅的事。只不過，淪落至此地步的人，便算不上是及格的人類。

動物的魂進化為人類的魂

動物的魂之中，有的也會變成人類的魂。魂的進化如果是宇宙的一種法則，這當然是必須考慮到的事。

動物的魂也有各式各樣的境遇。當然，正如我們從外表所見，和兩棲類、爬蟲類比較起來，哺乳動物可以說靈性程度較高。而在哺乳類之中，家畜之類的動物因為「擁有人類般的感情」，牠們的靈性程度更是高一些。

老虎或獅子等貓科的野獸動物，牠們的魂進化了以後，可以變成貓。狼等同科動物，則可以轉生為狗；這是相當大的進化。

不過，動物的進化是按部就班的，不可能一口氣變成人類。野生動物要變成了家畜，需經過長年的轉生，在學習人類的生活和情感的過程中，有些家畜的表現就是特別的突出。例如：電影《靈犬萊西》裡頭的牧羊犬，或者是東京涉谷車站的忠犬八公，他們是動物之中的英雄，偶爾會在人類世界出現。像這樣的動物，如果超過特定的程度，就可以進化為人類的魂。

六次元光明界的諸天善神之中，有所謂的稻荷大明神，祂們掌管動物的轉生，核准、認可動物的魂是否可進化為人類的魂。魂從動物進化為人類的時候，魂的性質也就改變了。

魂修行的機會大門永遠敞開

人類的魂，如果寄居在外星人的身上，那恐怕會是人類的魂至今為止完全沒有過的經驗。

外星人之中，有的是有六隻手的，有的身高一公尺，有的則是龐然大物。棲身在這樣的軀體進行魂修行，又是一個新的體驗，雖然不知道這種魂的進化會達到甚麼樣的程度？但是能獲得新的經驗則是不爭的事實。

轉生輪迴除了永遠反覆之外，魂修行的機會也是永遠都會有的。

這是我們這個世界的祕密。

最新靈界情況

第九章　最新靈界情況

一、在靈界也開始建造「幸福科學」的精舍

來自家父善川三朗榮譽顧問的靈界訊息

對於我的法話，不時可以聽到這樣的意見：「加入一些靈界的故事就比較容易理解。」因此，我想把最近所見到靈界的現象和經驗過的事情，用閒談、閒話家常的方式來談一談。

對我來說，關於靈界的事情是理所當然的，但是對正在學習佛法真理的人來說，似乎並不這麼想。我不知道一般人對靈界的關心程度如何，但還是想談談有關靈界的事。

二〇〇三年八月十二日，家父善川三朗，也就是「幸福科學」的榮譽顧問，他往生歸天了。而此後，我和靈界之間的聯繫變得更加頻繁，並且經歷了各式各樣的事情。

剛開始，家父想從靈界傳來各種訊息，但是我告訴他：「暫時先在靈界累積一些經驗再傳達訊息給我比較好，不是嗎？」因此他就暫停捎來訊息。不過往生後三、四個月，他說：「夠了！我不能再等了！」於是從二〇〇三年十二月初左右，他開始傳來靈界的訊

息，而這些內容都已結集為數冊的《善川三朗的靈言》。

在家母夢中盛裝出現的家父

家父往生之後三、四個月左右，住在故鄉日本四國的母親十分感嘆地說：「榮譽顧問完全沒有在我的夢中出現。」她說：「他雖然回到天上界，我卻完全沒有夢到他。過世的人通常不是會在家人的夢裡說些甚麼嗎？但是他卻沒有入夢，完全沒出現在我的夢裡，實在是不可思議！他到底去哪裡了呢？」

其實，家父是到靈界很不錯的地方修行去了，而且還很忙碌。

榮譽顧問往生後三個半月左右，在十二月的時候，他終於得到了能夠將靈言傳過來的許可，開始傳來靈言；而我把錄下來的錄音帶拷貝給人在四國的母親，告訴她：「榮譽顧問說了這些話。」我把錄音帶寄了出去，之後母親告訴我，在家父傳達靈言給我時，她也正好夢見了往生的榮譽顧問。

家母的那個夢非常逼真，她說：「當時在家門口的玄關前停了一輛黑色轎車，車門啪地一聲打了開來，下車的是已經往生的榮譽顧問。他穿著繡著家紋的全套和服，盛裝出現，從黑色的轎車自信滿滿地走下來，大搖大擺踏進了玄關。」

在夢中的家父威風凜凜，「從沒看過他這個樣子，如此盛裝打扮。」母親說家父生前從沒穿過和服禮服，因此是非常稀有的形象。

而當他走進玄關後便說：「老夫還是這麼生龍活虎，但大家卻說我已經死了。『他過世了！往生了！』還把我埋葬起來，太不像話了！老夫我還是這樣活力充沛！」他出現時是這樣說的。

家母說：「做了這個夢的一、兩天之後，靈言的錄音帶就送來了。你接受到靈言和我夢見你父親，剛好是同一個時間。」

這就是心理學上所謂的「共時性」，也就是說，在完全相同的期間，彼此並沒有聯絡，卻發生了同樣的事情。

在這個夢中，家父到了母親那裡向她報告：「我確實復活了喔！」他在夢中向她證明這件事。

這兩個事件，是在二〇〇三年同時發生的。

我在靈界建造中的精舍和榮譽顧問會面

接下來是二〇〇四年一月以後發生的事；有一天深夜兩點左右，我脫離了肉體到靈界去的時候，在靈界和榮譽顧問會面，他引導我參觀在靈界進行的工作。

「幸福科學」的精舍，也開始在靈界建造了。雖然我去參觀，但精舍還沒有建造完成。

靈界的精舍建在五次元世界，對象是一般的信徒。它座落在平坦的丘陵上，四周彷彿像草原一般長滿了青草。在這樣的環境之中，有兩棟很大的精舍正在建造，有些地方和地上界的某個精舍很類似，有些地方又和地上界的精舍不一樣。

兩棟精舍併排著，其中一棟位於比較高的地點，兩棟建築之間有走廊相連。

這座走廊是以水泥為基底，用白色的建材打造的，從外面可以看見的部分，從中央到上面是用刻著圖案的玻璃之類的建材相隔。

靈界中的精舍已經完成的部分只有連接兩棟精舍的走廊，整體來說還沒有建造完畢。

我在那個走廊和榮譽顧問見了面、說了話，但是提出問題的卻是他。

他說：「在靈界建造了『幸福科學』的精舍，可以舉辦研修活動，但是總裁只顧著三次元世界的事，在靈界精舍的研修，詳細內容都還沒有確定。」

的確，我完全沒考慮到這方面。他又說：「因此，這裡就算建了精舍，卻不知道該做甚麼才好，關於研修的儀式程序和詳細內容都還沒決定。」我過去並不太去設想過世之人的事情，但是，的確，我想這些事情必須要採取行動了。

接著，榮譽顧問又說：「在地上界，各個精舍都在舉行各式各樣的研修，但在靈界，應該舉行哪種研修才好呢？這裡的世界是沒有肉體的世界，是和地上界不同的！總裁不做決定的話，我們就不能行動，不是嗎？現在，精舍尚未完成，研修的信徒還無法來這裡，然而精舍完成以後，若要進行研修時，該怎麼辦才好呢？」

雖然我們是在走廊下站著閒聊，但榮譽顧問卻問了我這樣的問題。

在靈界終於也開始精舍研修

榮譽顧問進一步說：「建造了這麼大的精舍，但是誰來經營呢？只有老夫和接著要來的前本會講師，作家KT先生和演員NK先生而已吧？他們兩人都還沒有變成天使，雖然背上已長了翅膀，蠢蠢欲動，但都還在修行當中。加上他們，由我們三個人一起安排研修活動，再怎麼說都讓人放心不下。在經營方面也讓人很擔心，他們的傳道說法，我想也還不成氣候，這裡的教材也不夠，該怎麼辦才好呢？」

要讓靈界的研修體制達到完備，必須等到現在的講師群上了年紀、歸天以後才有可能，這大概還需要二十年的時間。我說道：「這段期間，因為實在沒辦法，當這些信徒回到靈界後，你可以和他們閒話家常，由於無法研修，喝茶聊天不也可以嗎？」說完後，榮譽顧問露出非常不滿的神情。

榮譽顧問是一位完美主義者，所以他覺得：「由於研修體制不完整，信徒來了的話會很麻煩。」

這麼一來，就只有在靈界進行「回峰行」了。（譯註：日本天台宗的修行方式，由九世紀時的相應和尚所創。他由自己所居住的無動寺為起點，每天在山中步巡，日漸增加距離，終於在第一千日到達京都御所。完成這樣修行的人，可以進入御所接受天皇的加持。）「請在精舍稍微休息一下，等會兒請到山上走走。」如果不這樣做，也沒有其他辦法可行。

精舍的建設進度，雖然建築的外觀差不多完工了，但是禮拜堂還沒有建好，備有宿舍的兩棟建物和走廊已經完成了。

接下來，只有請在靈界的高級靈團成員來擔任講師了。

就算是在靈界，剛開始進行的事情也會發生種種困擾，例如：「怎麼樣才能讓研修體制完備，要怎麼經營才好呢？」

在三次元世界的人類，對於靈界的研修是很難參與討論的，但由於「幸福科學」是新的組織，於是聘請以前的人，遵循從前的作法，如果過於任意行事的話也很麻煩，產生了這方面的問題。

由於講師群不夠，因此對回到靈界的人們，我想，暫時就享受靈界的風光美景，同時可以觀察三次元世界的情況，悠閒地過日子也很好吧！

再過二、三十年，當靈界到處也有「幸福科學」精舍時，我想就可以開始好好地研修了。

這些事情，我是因為榮譽顧問的關係而體驗到的。

二、決定地上界流行趨勢的「美的女神」

在水晶山上欣賞到美的女神們的舞蹈

同年（二〇〇四年）一月的另外一天，我到靈界的某一座山上去。

那時候擔任嚮導的，是一位禿了頭、蓄著白鬍鬚、拄著拐杖的老先生。我猜想他應該是德國的靈人，在他的嚮導下，我們朝山路邁進。

走了不久之後，這座山逐漸變成水晶之山，山路的兩側有許多六角錐形、前端稍微尖尖的水晶，取代了樹木生長在山上。

我們往山上走，途中有類似休息站的地方，老人對我說：「進去用餐吧！」於是我們就到裡頭去，我認為這裡應該是在德國的靈界附近，有時有可愛的小矮人出現，端出燉肉等食物來招待我們。

稍做休息之後，我們再走一小段路，整座山就完全變成水晶山了。這整座水晶之山，這兒那兒，顏色變幻無窮。

走進山谷的窪地時，我正忖思著：「這裡到底是怎樣的世界呢？我第一次來到這種地方。」這時候，出現了四位美女，開始跳起舞來。如果是在古代，可以說她們是以天女之姿跳著「天女之舞」，但是眼前這些女性卻不是古代的模樣，而是穿著現代的服裝。四位女神頗有巴黎時裝週般的時尚感，身穿新裝登場。

她們說：「我們是美的女神。」的確，四人之中，我確信有一位是阿芙若狄特（Aphrodite，希臘神話中之美神），另外三位我則不知道她們的身分。

四位女神穿著各式服裝翩然起舞，每一轉圈，衣服顏色就變了。例如：本來身穿黃色的服裝，咻地轉了一圈後，衣服就變成了淺藍、粉紅或紫色，轉眼間顏色變幻莫測，四位女神在舞蹈時變化著不同的色彩。

在她們的周遭豎立許多樹木、柱子般的水晶，只要女神的服裝一變色，色彩映照在水晶之林，水晶的色彩也跟著變化，四周的景色也瞬息萬變。

這真是言語無法形容的美景，我想：「竟然也有這種五彩繽紛的世界啊！」隨著舞者衣裳的色彩變化，互相產生影響。此外，舞蹈的姿態映在水晶之林，可以看見透明的水晶染上五彩繽紛。在人世間無法呈現的不可思議的色彩，都在這裡顯現了。

美的女神之世界，和地上界的精品名店相通

我為此美景讚嘆不已，不久後，我問道：「這裡到底是甚麼樣的世界呢？」她們回答說：「這裡是美的女神之世界」。

這一點，我是看得出來的，於是問道：「這個世界具有甚麼樣的功能呢？」其中一位女神說：「那麼就讓我來說明吧！」

據她所說，那個被水晶包圍的窪地，也就是舞蹈的場地，其實是和地上界的各個場所相通的。「讓我們通往那裡去吧！」她說道。當窪地和地上界連結起來時，地上界的許多地方會有出口連接著。我從某個出口走出去，那裡是一家大飯店。

在飯店裡，有很多名牌精品店，例如：香奈兒、愛瑪仕等等，店裡陳列著美麗的服裝、圍巾、香水、戒指等等珠寶。這麼漂亮時髦的店，在飯店裡是很常見的，而我卻是從

美的女神之世界通往飯店裡的名店。

和美的女神之世界相通的飯店有好幾家，其中也有我知道的飯店。美的女神之世界，是和外國或日本的飯店都有的高品味時尚名店相通的。到了那裡時，我感到非常驚訝：「噢！竟然也有這樣的出入口啊！」

在《愛宛如風》一書中，關於「美人魚」這個世界童話，我寫道：「在人魚的世界，可以由那裡的湖泊游到世界各地的海洋。」而從美的女神之世界，則可以通往飯店的時髦精品名店。美的女神們會指導大家甚麼是「美」，她們宛如美的大使一樣到那些店裡去，我想她們是在這裡和地上界接觸吧！

我參觀了好幾間大家都知道的精品名店。

不過，我看到的都是外國的精品店，或許也有通往日本的名牌精品店，但是當時我看到的全部都是外國的相關名店。

這對我來說是初次經驗，美的女神們，她們以這樣的形式在地上界自由出入，指導這個世界。

雖然那時候我並沒有跟她們確認，不過，我想她們的世界也和設計師、時裝模特兒等所在之處相通吧！於是我知道，在靈界也有人以這樣的方式在工作。

美的女神們舞蹈時所穿著的服裝，並非天女的羽衣，而是具有巴黎時尚風格的新裝。她們傳達的是美的概念，而地上界的人接收到這樣的訊息之後，便創造出各式各樣的時尚吧！

「今年的流行就是這個！今年我想讓這樣的東西流行！」我想，這樣的念波，就從這裡傳達出去的。地上界接受到這個念波後，就流行起各種風格和時尚。

我不禁覺得「美的女神之世界」是一個非常特別的地方。尤其是色彩同時改變，互相造成影響，這樣的色彩十分珍奇，讓我感覺：「竟然也有這樣的世界啊！」

雖然那時候我並沒有意識到香味，但我猜想也可能有香味系統的靈界吧！使用各種香味製造香水的世界，應該也是存在的。

三、我被奉為太陽神

造訪位於印度靈界的「須彌山」

此外，就在同一個月我也到了不同的靈界去。

那天我經歷了到目前為止，我的體外脫離、幽體脫離經驗之中飛翔速度最快的一次。

在發出一陣聲響後，我感覺到自己一直不斷上昇，我心想：「今天飛翔的速度真是驚人哪！到底會去哪裡呢？」不久後，就看見了一座大山。

就我的印象而言，它像是喜馬拉雅山一般雄偉，不過稍微細長而且更高一些。喜馬拉雅山雖然很高，但它是一座扇形高山，而眼前這座山卻不是如此，而是細長而高聳的山。雖然我並不清楚它的高度到底多高？但山的下半部卻沒有那麼寬廣，而是比較狹窄，它是一股作氣往上拉高的。

當我回過神來的時候，我正沿著山壁垂直往上飛。我在呼嘯飛行的同時，一面忖思：「這座山相當的高啊！到底是甚麼山呢？」此時靈人對我說明：「它就是那座有名的須彌山。」自古以來即有傳說指出「印度有座須彌山」。不過，在這個世界是沒有這座山的。在這個世界，印度的周遭只有喜馬拉雅山和崑崙山脈，一般人會以為須彌山是指那附近的一座山。不過事實並非如此，須彌山是存在於靈界的山。

須彌山是非常高的尖山，雖然山頂沒有皓皓白雪，但是感覺上它的高度不只一萬公尺，似乎是更為崇高的山。

在我往上飛翔的途中，我數度看到雲層好像被劃分為同心圓的景象，這是因為須彌山的各個地區都有眾神居住之故。

整體而言，那裡顯然是印度的靈界，因此我和許多印度有名的神見了面，有些是我不曾聽過的神，也有我所知道的神。他們分散各處，於是我到各個地方和他們打招呼、說說話，覺得又往上提升了一個層次。

來自印度諸神的祝福

我愈飛愈高，往山頂飛去，終於再也無法往上了。我想：「這裡是不是頂點了呢？接下來要怎麼辦才好呢？」這時候，須彌山的山頂正在舉行表揚典禮之類的儀式，而我正接受來自印度靈界的表揚。

首先，他們給我一件印度的服裝，底色是茶綠色，上面摻雜著些許黃色、紅色，我記得配色是以原色為主。我穿上了這件服裝，上面裝飾著薄荷之類的東西。不久後就舉行了加冕的儀式，他們為我戴上王冠般的頭飾，我沒有辦法看到自己的樣子。不久後，他們更賦予我一支鑲嵌了寶石的權杖。

後來我問道：「這到底是怎麼回事呢？」他們答道：「你被認定是印度靈界諸神中最偉大的神。」由於我不太記得印度的事，「這麼說來，也有印度靈界，印度諸神的世界這樣的世界啊！」然而我還是被認定為「印度的諸神世界中最偉大的神」，而接受印度諸神的祝福。

以印度的印度教來說，佛陀是印度教的諸神之一。毘濕努神（Visnu。譯註：印度教三大神之一）可以變身十種樣貌，而佛陀就是其中之一，可以說是毘濕努神的分身。

就像這樣，「佛陀是毘濕努神的一個化身，在印度有許多神和佛陀一樣偉大，佛陀也是那些諸神之中的一人。」原則應該是如此，然而這次他們認定了「在印度靈界的諸神之中，我站在最高點上」。

這時候他們唸出我的名字，但是並不是「愛爾康大靈」，而是一個不一樣的名字。我已經忘掉了那個名字，然而這個經過印度諸神禮讚的名字，翻譯後其意思就是「太陽神」（因此我想大概是「Surya」）。這個名稱可能是得自在須彌山頂上的太陽的印象吧！我記得這名字是稱謂站在印度靈界頂端的人，詠讚太陽神的形象。

這樣的經驗很少有，我認為是相當吉利的經驗，印度的諸神應該也非常注意我吧。「幸福科學」的支援靈之中，幾乎沒有來自印度的諸神，然而我在前世也和印度有淵源，而接受了那樣的表揚。

四、給予靈界影響的世界傳道

「幸福科學」的靈界從現在開始形成

就像這樣，靈界是不可思議的地方。在靈界，許多被稱為佛、神和高級靈的人都住在這裡。他們經歷了過去數千年、數萬年，在許許多多地方發起了宗教，或者積極從事其他工作。畢竟，靈界也有種種的宗教世界，過去在地上界指導人們的人，也還在靈界指導信仰自己的宗教的人們，而建造起一個個村落或城市。

「幸福科學」是新興的宗教，過世的信徒人數極少，因此「幸福科學」的靈界現在才要開始形成。在地上界擁有信仰，意味著簽下了一只契約。在地上界信仰某個宗教，死亡之後，就會到那個宗教建造的靈界去。

而和那個宗教靈界相關的佛、神和高級靈，也會在死後的世界指導信眾。他們在那個世界照顧信徒，甚至指導信徒接下來的轉生計畫等等。就像這樣，在那個世界，某種程度上也根據靈界的磁場而有所區別，大體上是在那個靈界之中進行輪迴轉生。

但是最近由於世界的國際化，靈界也產生相互聯繫的傾向。

就「幸福科學」來說，我們跨足世界和各個地域相互聯繫，因此在靈界之中也漸漸打開了知名度。「幸福科學」必須和各地聯繫來完成本來的使命。在印度靈界受到認可，在最近的將來也必須受到中東和非洲等地的靈界認可才行。畢竟，在這些地區必須具有我們的指導原理。亞洲各國的靈界，或許比較早就認同了我，但在歐美的靈界，則還需要長期的累積，所以我想可能還要花一些時間。

世間與靈界同時進行變化

現在，「幸福科學」在世間建造了各種建築，進行傳道工作，推廣我們的教義。而「幸福科學」在靈界也陸續擴展當中。

在靈界，歷史上相隔數百年、數千年的人們，以各種形態居住在這裡，因此要讓這些人們吸收新的東西，是非常困難的事情。

不過，這個世界和靈界是頗為相關、連動的，是在同時變化之中的。

平安時代（譯註：始於日本桓武天皇自西元七九四年遷都京都，歷時約四百年）的惠心僧都源信著有《往生要集》，其中記載那個世界的故事，並包含許多地獄圖繪。但現在，那個世界已經不像他所描述的那樣了。由於很多現代人回到了靈界，創造了新的靈界，因此靈界也產生相當多的變化。由於新的靈界、新的村鎮陸續誕生，附近的靈界看見這個光景，也開始產生變化。

就像這樣，靈界現在正陸續發生各種形態的改變。

由於「幸福科學」還是以日本為活動中心，主要還是以日本的靈界為主，但是就認知的層面上，我們也須擁有世界級的認知。在靈界，有許多是以國家、民族的層次來建造的狹隘靈界，而現在我們要給這樣的靈界帶來衝擊，陸續引發不小的震撼。

「幸福科學」現在正在進行海外傳道與國際傳道，在海外我們成立了支部，出版了許多書籍的譯本，「幸福科學」的真理正在推廣之中。只要擴展到一定的程度，在那個地區也會產生「幸福科學」的靈界。

具體來說，要擴展到怎樣的程度才能產生「幸福科學」的靈界呢？這是無法說明的。但是一旦信仰的人數達到某種程度，那個地域的「幸福科學」的靈界就能誕生。

「幸福科學」不但在這個世界傳道，在靈界的傳道工作也開始了。

例如：我們在地上界信仰基督教的地區進行傳道，某種程度上來說，「幸福科學」的信徒組織成立之後，在靈界也會產生相應的組織。如此一來，基督教的靈界之中，也會有與「幸福科學」的原理產生共鳴的靈人們前來，而地上界的信徒組織中有人過世的話也會前來這裡。就這樣，「幸福科學」的範圍就會逐漸擴大。

在本章的第二節，我提到「美的女神世界，可以通往這個世界的飯店裡的精品名店等地。」若在靈界「幸福科學」的本體部分所在之處，形成了一個很大的靈界，而在世界各地也建立了「幸福科學」的支部和精舍，於是我們就可以自由地前往那裡，「幸福科學」就更加擴展了。

進行宗教文化的革新

我的使命除了進行「世間的宗教現代化」，還有一項就是推動「靈界的現代化」。以兩、三千年前或更久以前的宗教為基礎，產生了許多靈界觀，以及許多這個世界的生活形態和文化。我具有的重大使命，就是把這些老化的宗教、文化，以新的東西來取代，進行靈界及這個世界的宗教文化的革新，把它改變為符合新的生活的宗教文化。

近代以來，有一種思想潮流認為：「人類必須脫離教會，也就是說，要脫離由教會決定一切的世界，轉向以科學做為突破點的合理主義世界。只要我們離宗教愈遠，就愈能達成近代化、現代化。」這種思潮認為「宗教是古代的東西，科學是近代的產物」。

不過，事實並非如此，「幸福科學」是結合了新時代的生活形態所創的宗教形態、宗教文化，融合了宗教與科學。因此，不論在這個世界或靈界，應該革新的地方就必須革新不可。我希望大家明白，「幸福科學」就是擔負這樣的使命而努力著。

我曾多次提到：「伊斯蘭教必須進行一些改變。」印度也是如此，在印度，古代的宗教勢力過於強勢。古代的宗教如果食古不化，國家的現代化就會窒礙難行。

在印度，有許多人祭拜象頭的gane-sha神，也有崇拜linga的性器信仰。就日本而言，古代的信仰也有相近的東西，例如：蛇神信仰和神社的「木之叉」信仰，這樣的事情現在仍屢見不鮮。如果我們認為宗教就是這樣的事情，那就錯了。因此我認為，我們必須教導大家「新的宗教形態」的存在。

就這個意義上來說，我希望請大家能知道：「進行傳道，拓展『幸福科學』的宗教範圍，這樣的事情能在各個地方發揮意想不到的綜合性的影響。」

「幸福科學」現在也對靈界帶來衝擊，產生了變化，我希望大家明白「世間和靈界是互為影響的」。這個世界的人類的工作可以改變靈界，這個世界創造了甚麼樣的事物，靈界也連帶地跟著改變。

如果大家能接受這樣的認知，那就非常值得慶幸了。

後語

本書所提及的「靈子線」（Silver Cord），早在舊約聖經《傳道書》第十二章中就曾有「銀鍊折斷，金罐破裂……」的描述。這條「銀鍊」就是指靈子線，許久以前就為人所知了，但現代的基督教會，似乎對人的死亡沒有正確的認識。

對於腦死狀態下進行內臟器官移植，我明確指出了兩個問題。第一，捐贈者的靈魂尚未認識到自己已死，因此會產生恐懼感；第二，腦死者的靈魂會隨著器官移植而依附到受贈者的身上，這不但會造成捐贈者的靈魂前往死後世界時，造成負面影響，更會使受贈者的人格產生變化，甚至會影響到其他家人。

在佛教當中，正確的佈施，需要佈施的主體（施者），佈施的對象（受者），以及佈施的物品（施者，在此為內臟器官）都沒有汙濁，沒有執著之心附著（此稱三輪清淨）。亦即，內臟器官移植的前提：一是捐贈器官者必須學習過佛法真理，懷抱著真正的愛心而捐贈；二是受贈者也須深入理解佛法真理，並且持有真誠的感謝之心；三是取得器官時，不可有違法的金錢交易。符合這三個前提，真正的佈施方才成立。對於不相信死後世界的唯物論者來說，器官移植只是一種買賣，但這不但會造成靈界的混亂，也讓死者難以回到天國。

此外，縱觀當今宗教諸相，不明靈性真相的祖先供養儀式氾濫，導致那些將不幸之因全都歸咎於祖先的子孫，以及將所有地獄的痛苦全都怪罪於子孫的不成佛的祖先，合演了一場悲喜劇。切不可忘記，「悟道」在於個人，不少的家庭自認為在供養祖先，殊不知已被其他惡靈所糾纏。期盼人們能夠學到供養祖先的正確觀念。

本書的內容，想必讓許多人感到吃驚，也有許多人是難以相信吧。然而，書中內容絕非虛構。事實就是事實，真相就是真相。你在死前，應該要閱讀此書。不，你應該要在人生當中盡早閱讀此書。為了能持有正確的人生態度，亦有必要知道本書的內容。

我做為人類的導師，再次於世間遂行天命。我堅信能將這真實的教義傳遞給你。

幸福科學總裁　大川隆法

What's Being 010

人生的中繼站

國家圖書館出版品預行編目資料
人生的中繼站
大川隆法 著
初版—臺北市：佳赫文化行銷，2010.05
面； 公分（What's being 010）
ISBN：978-986-6271-12-0
1. 死亡 2.靈界 3.靈魂
215.7 99007451

作　　者：大川隆法
總 編 輯：許汝紘
副總編輯：楊文玄
美　　編：楊詠棠
行銷企劃：吳京霖
發　　行：楊伯江、許麗雪
出　　版：佳赫文化行銷有限公司
地　　址：台北市大安區忠孝東路四段341號11樓之三
電　　話：（02）2740-3939
傳　　真：（02）2777-1413
www.wretch.cc/blog/cultuspeak
http://www. cultuspeak.com.tw
E-Mail：cultuspeak@cultuspeak.com.tw
劃撥帳號：50040687信實文化行銷有限公司

印　　刷：漢藝有限公司
地　　址：台北縣中和市中山路二段 317 號 4 樓 電話：（02）2247-7654

圖書總經銷：時報文化出版企業股份有限公司
中和市連城路134巷16號
電　　話：（02）2306-6842

2010年5月初版一刷
定價：新台幣250元

若想進一步了解本書作者大川隆法其他著作、法話等，請與「幸福科學」聯絡。
社團法人中華幸福科學協會　地址：台北市松山區敦化北路155巷89號
電話：02-2719-9377　電郵：taiwan@happy-science.org　網址：www.happyscience-tw.org
HAPPY SCIENCE HONG KONG LIMITED　地址：香港銅鑼灣耀華街25號丹納中心3樓A室
電話：(852)2891-1963　電郵：hongkong@happy-science.org　網址：www.happyscience-hk.org

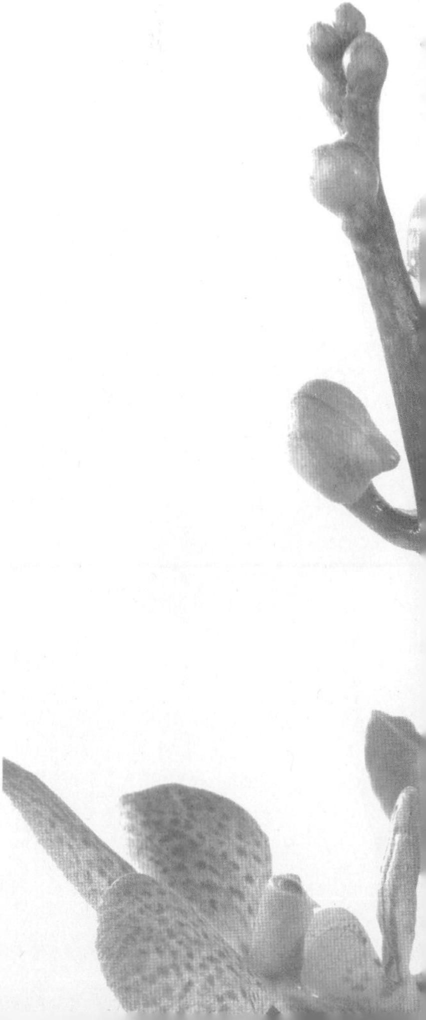